Natasha Alexa

Student Book 3

Russian Step By Step

School Edition

Intermediate

Editor: Elena Creecy

Illustrations: Elena Litnevskaya, Irka Verbol
Cover: Elena Litnevskaya, Hanna Soskina

russianstepbystep.com

ISBN-13: 978-1514660331

ISBN-10: 1514660334

Printed in the United States of America

Наташа Александрова

Книга студента 3

Русский шаг за шагом

Издание для школ

Редактор: Елена Криси

Иллюстрации: Елена Литневская, Ирка Вербол

Обложка: Елена Литневская, Анна Соскина

russianstepbystep.com

Содержание

Course Components

Welcome to Russian Step By Step Level 3!

As parts of this course you have a **Student Book** and the corresponding **Audio** (Direct Download from a website).

Each audio track is indicated by a *loud speaker* . Please download the digital file to your computer, electronic player, and phone or record it to a CD.

We recommend that you listen to all audio tracks, even if some of the exercises were covered in class. Please listen to the past lessons, as that helps with retention. Listen to the audio in the car, while walking, working out, cooking – the more you can incorporate the audio tracks into your everyday activities the more you will improve your *retention, comprehension and pronunciation*.

Stucture of the Student Book 3

Student Book has five parts: Основной курс (Main Course), Грамматика (Grammar), Аудиотексты (Audio Script), Ответы (Answer Key), Грамматические таблицы (Grammar Tables).

Основной курс consists of 16 lessons. Each lesson introduces new grammar that are practiced in the exercises.

Грамматика section corresponds to 16 lessons in the Main course. Here you will find the explanation of new language and grammar rules that will help you use this language properly.

Аудиотексты will help you understand the audio and improve your pronunciation and fluency.

Ответы section provides the answers for the exercises. Ask your teacher about any answer that was not clear.

Грамматические таблицы section provides you with convenient format of adjectives' declension, declension of Possessive Pronouns and Verbs of Motion.

Основной курс

Урок 1

Который час?

Прохо́жий:	Скажи́те, пожа́луйста, кото́рый час?
Еле́на:	Сейча́с семна́дцать часо́в два́дцать две мину́ты.
Прохожий:	Извини́те, ско́лько мину́т?
Елена:	Два́дцать две мину́ты. О! уже́ два́дцать три мину́ты. Да, сейча́с семна́дцать часо́в два́дцать три мину́ты.
Прохожий:	Спаси́бо.
Елена:	Не́ за что.

Сколько?

1	2, 3, 4	5, 6… несколько, пара…
час	часа́	часо́в
мину́та	мину́ты	мину́т
секу́нда	секу́нды	секу́нд

у́тро	день	ве́чер	ночь
4.00 – 12.00	12.00 – 18.00	18.00 – 24.00	24.00 – 4.00

11 часо́в утра́   12 часо́в дня   6 часо́в ве́чера   3 часа́ но́чи

Время

10 часо́в утра́

9 часо́в ве́чера, или 21 час

по́лдень

по́лночь

2 часа́ дня, или 14 часо́в

2 часа́ но́чи

3 часа́ 25 мину́т, или 15 часо́в 25 мину́т

4 часа́ утра́

6 часо́в ве́чера, или 18 часо́в

6 часо́в утра́

Упражнение 1

Create sentences, following the example. Practice saying time.

Образец: **1. Когда в Москве полдень, в Сан-Франциско 2 часа ночи, в Берлине 11 часов утра, в Токио 6 часов вечера.**

	1.	2.	3.	4.
Москва́	12:00	24:00	10:00	3:00
Сан-Франци́ско	2:00	14:00	24:00	17:00
Берли́н	11:00	23:00	9:00	2:00
То́кио	18:00	6:00	16:00	9:00

 # Упражнение 2

Write down the time with the given numbers, following the example.

1. 22:00 _____**десять часов вечера**_____
2. 15:00 _пятнадцать три_
3. 18:00 _____
4. 12:00 _____
5. 24:00 _____
6. 3:00 _____
7. 5:00 _____
8. 16:00 _____
9. 11:00 _____
10. 19:00 _____
11. 1:00 _____

Зачем люди ходят в гости?

Игорь — о́чень хоро́ший программи́ст. Ча́сто ве́чером он сиди́т у компью́тера. Его́ жена́ Ольга не лю́бит, когда́ он часа́ми сиди́т у компью́тера. Она́ хо́чет, что́бы муж рабо́тал на рабо́те, а до́ма что́бы был с жено́й.

Ольга: Игорь, ты уже́ сиди́шь у компью́тера 4 часа́.

Игорь: Кото́рый час?

Ольга: Сейча́с уже́ 10 часо́в. Ты пришёл домо́й в 6 часо́в, пое́л за 15 мину́т и всё. Тебя́ как бу́дто нет до́ма. Как бу́дто у меня́ нет му́жа.

Игорь: Мы в четве́рг бы́ли в теа́тре.

Ольга: Но это же раз в ме́сяц! А я хочу́ ка́ждый день с тобо́й разгова́ривать, обсужда́ть на́ши пробле́мы.

Игорь: У тебя́ есть пробле́мы? Каки́е пробле́мы ты хо́чешь со мной обсужда́ть?

Ольга:	Ну, это я так сказа́ла. Я про́сто хочу́ с тобо́й разгова́ривать.
Игорь:	О чём ты хо́чешь со мной разгова́ривать?
Ольга:	Ну, наприме́р, что ты сейча́с там чита́ешь в интерне́те?
Игорь:	Я сейча́с чита́ю статью́ о компиля́торе. Хо́чешь разгова́ривать о компиля́торе?
Ольга:	О, нет, о компиля́торе то́чно не хочу́. Вчера́ звони́ла твоя́ ма́ма. Она́ пригласи́ла нас в го́сти в суббо́ту.
Игорь:	Заче́м?
Ольга:	Игорь, заче́м лю́ди хо́дят в го́сти? Чтобы обща́ться!

Глагол «быть»

он	она	оно	они
был	была́	бы́ло	бы́ли

Упражнение 3

Rephrase the sentences, following the example. Don't forget about the verb **to be** in the Past Tense.

1. Мы с му́жем сейча́с в рестора́не «Асто́рия». **Вчера мы с мужем были в ресторане «Астория».** _____

2. Дире́ктор в о́фисе. _____

3. Ба́бушка до́ма це́лый день. _____

_____

4. Вино́ в холоди́льнике. _____

5. Де́ньги в ба́нке. _____

6. Стол здесь. _____

7. Моё ме́сто вон там. _____

8. Ва́ша маши́на под окно́м. _____

_____

9. Их ве́щи в ко́мнате. _____

10. Сего́дня мо́ре тако́е си́нее! _____

_____

11. На́ши сотру́дники сейча́с на собра́нии. _____

_____

12. Моя́ дочь в ко́лледже. _____

Хочу, чтобы

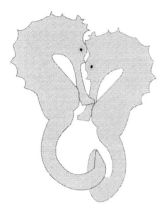

Я хочу́, что́бы мы всегда́ **бы́ли** ря́дом.

 **Упражнение 4**

Complete the sentences practicing the Indirect Command.

1. Я хочу́, что́бы вы (купи́ть) __**купили**__ пода́рок Ни́не. 2. Оля хо́чет, что́бы мама (купить) _____ ей краси́вое пла́тье. 3. Папа, де́ти хотя́т, что́бы ты (купить) _____ им моро́женое. 4. Олечка, ба́бушка хо́чет, что́бы ты (звони́ть) _____ ей ка́ждый день. 5. Макси́м, я хочу́, что́бы ты (есть) _____ до́ма в 6 часо́в. 6. Папа хо́чет, что́бы мы (есть) _____ у де́душки в 2 часа́. 7. Мой нача́льник хо́чет, что́бы секрета́рша (есть) _____ на рабо́те в 8:30. 8. Ольга не хочет, что́бы её муж (сиде́ть) _____ у компью́тера ве́чером. 9. Роди́тели не хотя́т, что́бы ребёнок (смотре́ть) _____ этот ужа́сный фильм.

Где был?

- Рома́н, куда ты ездил?
- Я е́здил на вечери́нку.

- Роман, где ты был?
- Я был на вечеринке.

 Упражнение 5

People are going to different places. Rewrite sentences telling where they went yesterday.

1. Вчера́ я ходи́ла на день рожде́ния к подру́ге.   __**Вчера я была на дне рождения**__

у подруги.

2. Утром мои коллеги ходили на собрание. _____

_____

3. Позавчера дедушка ходил на базар. _____

_____

4. Оля, куда ты ходила? _____

5. Игорь с Ольгой вчера вечером ходили в ресторан. ____ _____

_____

6. Вчера я не ездил работу. _____

7. В четверг дети ходили музей. _____

_____

8. В субботу Виктор Сергеевич ездил на дачу. _____

_____

9. Ирина Александровна, куда вы ездили вчера? _____

_____

10. Сегодня в 8 утра я ездил другом в бассейн. _____

_____

11. Мы с женой в пятницу вечером ходили в кино. _____

_____

Урок 2

Готов

он	она	оно	они
гото́в	гото́ва	гото́во	гото́вы

- Когда́ бу́дет гото́в суп?

- Он уже́ гото́в.

- Ры́ба гото́ва?

- Да, ры́ба то́же гото́ва.

- Напи́тки то́же гото́вы?

- Да, напи́тки то́же гото́вы. Всё гото́во.

Упражнение 6

 А) Different people were ready at certain time. Create sentences with the given words, following the example.

1. Ирина/7 ч __**Ирина была готова в семь часов.**__

2. ты (мужчина) /5 ч _____

3. Игорь с Ольгой/ве́чер _____

_____

4. де́ти/13 ч _____

5. твоя́ маши́на/четве́рг у́тро _____

_____

6. мой прое́кт/понеде́льник _____

_____

7. ва́ши докуме́нты/янва́рь _____

_____

8. письмо́/суббо́та 14 ч _____

_____

9. вы/16 ч _____

10. на́ши паспорта́/пя́тница _____

_____

11. пра́здничное меню́/8 ч _____

_____

12. ты (женщина)/17 _____

Б) Rephrase the sentences from (A) describing when people will be ready.

Образец: 1. **Ирина будет готова в семь часов.**

Идём на день рождения

Это друг Игоря Саша. Он учится в университете. Саша – приятный молодой человек. У него большие серые глаза, прямой нос и русые вьющиеся волосы. Его рост 182 сантиметра. Сегодня он идёт на день рождения, поэтому на нём нарядный тёмно-серый костюм, белая рубашка, красивый галстук в тон костюма и чёрные туфли.

Саша идёт на день рождения один? Нет, он идёт на день рождения с подругой. Её зовут Марина, и она работает секретарём в школе. Марина – очень симпатичная девушка. У неё красивые голубые глаза, густые чёрные ресницы, маленький нос и длинные рыжие волосы. Её рост 160 сантиметров. Сейчас на ней голубое платье, белый лаковый пояс и белые лаковые туфли. На руке у неё серебряный браслет, а на шее серебряная цепочка с крестиком.

Мари́на обожа́ет ходи́ть в го́сти. Но она́ о́чень ча́сто опа́здывает, поэ́тому Са́ша обы́чно звони́т ей зара́нее и напомина́ет о вре́мени.

Почти готова

Са́ша: Алло́, Мари́ночка, это я.

Мари́на: А, Саша, приве́т. Я уже́ почти́ гото́ва.

Са́ша: Почти́? То есть ты ещё не гото́ва. Когда́ же ты бу́дешь гото́ва?

Марина: Я бу́ду гото́ва че́рез два́дцать, нет, че́рез три́дцать мину́т.

Са́ша: Но че́рез три́дцать ты то́чно бу́дешь гото́ва?

Марина: Че́рез три́дцать бу́ду гото́ва.

Са́ша: Хорошо, сейча́с шесть часо́в. В шесть три́дцать я бу́ду у тебя́.

Марина: Хорошо.

Че́рез три́дцать мину́т Саша звони́т в дверь Марине.

Марина: Ой, Саша, это ты? А кото́рый час?

Са́ша: Шесть три́дцать, моя́ дорога́я. И нас уже́ ждут. Ты же зна́ешь, что я о́чень не люблю́ опа́здывать.

Марина: Ну ещё пять мину́т… нет, де́сять. Обеща́ю, че́рез де́сять мину́т я бу́ду гото́ва.

О ком думает бабушка?

Ба́бушка ду́мает	я	ты	он/оно	она	мы	вы	они
	обо мне	о тебе́	о нём	о ней	о нас	о вас	о них

Упражнение 7

Different people think about other people. Create sentences, following the example.

Образец: 1. **Я думаю о вас.**

1. Я → 2. вы → 3. она → 4. он → 5. мы → 6. они →

7. я → 8. ты → 9. ме́неджер → 10. Анна → 11. де́душка →

12. Ольга Ива́новна → 13. Пётр Серге́евич → 14. Мари́я Алекса́ндровна →

15. студе́нт → 16. студе́нтка → 17. пассажи́р → 18. жена́ →

19. брат → 20. сын.

 # Упражнение 8

Create sentences telling what different people are wearing.

Образец: **1. Это Марина. На ней шикарное вечернее платье.**

1. Мари́на	шика́рное вече́рнее пла́тье
2. Влади́мир	тёмно-си́ний дже́мпер и джи́нсы
3. Ольга Ива́новна	дома́шний хала́т и та́пки
4. Ви́ктор Серге́евич	чёрный костю́м, бе́лая руба́шка и се́рый га́лстук
5. Та́ня и Ма́ша	одина́ковые жёлтые футбо́лки
6. ты	бе́лая футбо́лка и шо́рты
7. вы	ро́зовая блу́зка и бе́лая ю́бка
8. я	бе́жевый сви́тер и се́рые брю́ки
9. мы	карнава́льные костю́мы
10. они	бе́лые пиджаки́

2. _____

   _____

3. _____

   _____

4. _____

   _____

5. _____

   _____

6. _____

   _____

7. _____

   _____

8. _____

   _____

9. _____

   _____

10. _____

   _____

Нарядное платье

Марина: Алло! Маша. Это Марина.

Маша: Привет, Маринка!

Марина: Ой, слушай, я вчера такое платье купила!

Маша: Нарядное или на каждый день?

Марина: Я его купила на каждый день, хотя оно нарядное. На нём есть кружева и пять карманов!

Маша: Пять карманов! Класс! А какого оно цвета?

Марина: Оно небесно-голубое. Ты вчера видела Ларису Долину по телевизору? На ней было такое же платье!

Маша: Ты шутишь!

Марина: Я тебе говорю!

Маша: А где ты его купила?

Марина: Я его купила в универмаге… Но оно было последнее.

Маша: Ну понятно.

Кто был? Что было?

– **Кто был** в офисе?   – В офисе была наша секретарша.

– **Что было** в стакане?   – В стакане была вода.

– **Что стояло** на полке?   – На полке стояли книги.

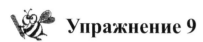 **Упражнение 9**

Ask questions about the words in bold.

1. **Ната́ша** всегда́ сиде́ла у окна́.   **Кто всегда сидел у окна?**

2. **Мои́ роди́тели** ра́ньше рабо́тали на заво́де. _____

_____

3. В ва́зе лежа́ли **фру́кты**. _____

4. **Кот** ходи́л по кры́ше. _____

5. **Моя́ ру́чка** лежа́ла в су́мке. _____

6. Здесь бы́ли **де́ньги**. _____

7. Там бы́ли **лю́ди**. _____

8. **Твой папа** был у дире́ктора. _____

9. **Мои́ ключи́** всегда́ лежа́ли ря́дом с телефо́ном. _____

_____

10. Ра́ньше здесь стоя́л **аква́риум**. _____

11. Позавчера́ **Ольга Ива́новна** ви́дела Ви́ктора Серге́евича. _____

_____

12. Здесь бы́ли **Пе́тя и Ва́ся**. _____

13. **Моя́ ба́бушка** ра́ньше жила́ в дере́вне. _____

_____

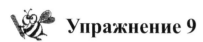 **Упражнение 10**

Different people have been to different places. Create sentences, following the example.

1. Игорь/Санкт-Петербу́рг   **Игорь был в Санкт-Петербурге.**

2. Анна Юрьевна/дере́вня _____

_____

3. Эльви́ра с Анто́ном/Фра́нция _____

_____

4. мы/по́чта _____

5. они́/о́фис _____

6. ты (ма́льчик)/дом _____

7. я (де́вочка)/шко́ла _____

8. вы/собра́ние _____

9. моя́ жена́/магази́н _____

10. мой брат/Аме́рика _____

11. наши роди́тели/рестора́н _____

_____

12. Андре́й/рабо́та _____

13. Се́ва с Оле́сей/кино́ _____

14. Ни́на/Ита́лия _____

Урок 3

Прийти/приехать

он	она	оно	они
шёл	шла	шло	шли
пришёл	пришла́	пришло́	пришли́
е́хал	е́хала	е́хало	е́хали
прие́хал	прие́хала	прие́хало	прие́хали

 Упражнение 12

Different people arrived at different places: either by foot or by transportation. Create question-answer pair to each point, following the example.

1. Мы/домо́й/авто́бус **Как мы приехали домой?   Мы приехали домой на автобусе.**

2. Юля/университе́т/тролле́йбус _____

_____

3. Оля и Саша/шко́ла/пешко́м _____

_____

4. Максим/магази́н/велосипе́д _____

_____

5. Мама Мари́ны/по́чта/пешко́м _____

_____

6. Серге́й/тренажёрный зал/метро́ _____

_____

7. Друзья́/рестора́н/маши́на _____

_____

Марина пришла с работы

Мари́на пришла́ с рабо́ты в 6 часо́в. Сейча́с она сиди́т на дива́не и разгова́ривает с мамой. Они уже́ говоря́т 20 мину́т. Её мама гото́вит о́чень вку́сные ола́душки, и Марина хо́чет узна́ть реце́пт.

Марина не о́чень лю́бит гото́вить. Она лю́бит ходи́ть на дискоте́ки, в кино́, в го́сти. И ещё она обожа́ет болта́ть по телефо́ну. Она мо́жет говори́ть по телефо́ну часа́ми. Марина – о́чень общи́тельный челове́к.

У Марины есть молодо́й челове́к, Са́ша. Они познако́мились на сва́дьбе Ольги и И́горя год наза́д. Они бы́ли свиде́телями на их сва́дьбе. Марина была́ свиде́тельницей Ольги, а Саша был свиде́телем Игоря.

Саша лю́бит спорт. Он занима́ется те́ннисом. Ра́ньше он игра́л в футбо́л и ходи́л в бассе́йн два ра́за в неде́лю. Но тепе́рь у него́ есть де́вушка, и поэ́тому у него́ ма́ло вре́мени.

Оладушки

Папа:	Алло́!
Мари́на:	Пап, приве́т, это я.
Папа:	Здра́вствуй, Мари́ночка. Как у тебя́ дела́? Как на рабо́те?
Марина:	Да всё хорошо. А как у вас дела́? Как твоя́ спина́?
Папа:	Уже́ гора́здо лу́чше. Я вчера́ нама́зал ту мазь, что ты мне купи́ла. О́чень хоро́шая мазь. Спина́ уже не боли́т.
Марина:	Я ра́да, что твоя́ спина́ уже́ не боли́т. А что там мама де́лает?
Папа:	Мама сейча́с на ку́хне гото́вит. Га́ля, Марина звони́т!
Мама:	Ой, Мари́ночка, иду́!
Мари́на:	До́брый ве́чер, ма́мочка.
Мама:	До́брый ве́чер, до́ченька. Ты уже́ пришла́ с рабо́ты?
Марина:	Да, мам, я уже́ до́ма.
Мама:	Ты уже́ у́жинала?
Марина:	Нет ещё. Я хочу́, что́бы ты рассказа́ла мне, как гото́вить ола́душки.
Мама:	Ола́душки? Это нетру́дно. У тебя́ мука́ есть?
Марина:	Есть.
Мама:	А кефи́р?
Марина:	Кефи́р то́же есть.

Мама:	Очень хорошо. Значит так: берёшь кефир, добавляешь яйцо, сахар, немножко соли, потом добавляешь муку.
Марина:	А сколько кефира и сколько муки?
Мама:	Кефира стакан, а муку добавляешь постепенно и мешаешь. Тесто должно быть как густая сметана.
Марина:	А сколько сахара?
Мама:	Сахар по вкусу. Ну можно четверть стакана.
Марина:	Хорошо.
Мама:	Ну вот и всё. Потом берёшь сковородку, наливаешь подсолнечное масло, нагреваешь его и жаришь оладушки.
Марина:	Спасибо, мамочка. Целую, пока.
Мама:	Пока, доченька. Звони, если у тебя будут вопросы.
Марина:	Хорошо.

Брать

Я	ТЫ	он/она/оно	МЫ	ВЫ	ОНИ
беру́	берёшь	берёт	берём	берёте	беру́т

 Упражнение 13

Complete the sentences by using the proper form of the verb **брать.**

1. Ольга часто ____**берёт**____ книги в библиотеке. 2. Родители не _____ Серёжу в гости. 3. Я всегда на обед _____ суп и салат. 4. Где вы_____ такие свежие фрукты? 5. Почему ты _____ мои ключи? 6. Он всегда _____ кофе с молоком. 7. Мы _____ этот велосипед. 8. Почему вы не хотите _____ эти яблоки? 9. Я всегда _____ хлеб в этом магазине.

36

Умывать/умываться

Я умыва́юсь.

Мама умыва́ет Са́шу.

 Упражнение 14

Practice writing Reflexive Verbs conjugation, following the example.

1. обща́ться __ **Я общаюсь, ты общаешься, он/она/оно общается, мы общаемся, вы общаетесь, они общаются.** __

2. конча́ться _____

_____

3. открыва́ться _____

_____

4. де́латься _____

_____

5. чита́ться _____

_____

6. здоро́ваться _____

_____

7. занима́ться _____

_____

8. начина́ться _____

_____

Упражне́ние 15

Complete the sentences by using the proper form of the verbs in parenthesis, choosing between reflexive and non-reflexive form of the verb.

1. Я (открыва́ть/открыва́ться) __**открыва́ю**__ это окно́. Как оно́ (открывать/открываться)? __**открыва́ется**__ ? 2. В понеде́льник наша кома́нда (начина́ть/начина́ться) _____ но́вый прое́кт. 3. Спекта́кль (начинать/начинаться) _____ в 7 часо́в. 4. Наш ребёнок (писа́ть/писа́ться) _____ ле́вой руко́й. 5. Сло́во «ночь» (писать/писаться) _____ с мя́гким зна́ком. 6. Ка́ждое у́тро мы встаём в 6 часо́в, пото́м (умыва́ть/умыва́ться) _____ , а пото́м за́втракаем 7. И́горь с О́льгой (встреча́ть/встреча́ться) _____ на остано́вке авто́буса. 8. Кто бу́дет (встречать/встречаться) _____ госте́й?

Упражне́ние 16

Ask questions about the words in bold, as in the example.

1. Что стои́т **в ва́зе?** (цветы́) _____ **В ней стоя́т цветы́.** _____

2. Что лежи́т **на столе́**? (твой моби́льный телефон) _____

_____

3. Кто е́дет **в авто́бусе**? (пассажи́ры) _____

_____

4. Кто живёт **в до́ме**? (мои́ роди́тели) _____

_____

5. Что стои́т **на по́лке**? (мои кни́ги) _____

_____

6. Что лежи́т **на бума́ге**? (каранда́ш) _____

_____

7. Что **в стака́не**? (виноградный сок) _____

_____

8. Кто был **в ко́мнате**? (ва́ши колле́ги) _____

_____

9. Кто рабо́тал **в фи́рме «Алья́нс»**? (твоя́ подру́га) _____

_____

10. Что лежи́т **в кни́ге**? (на́ша фотогра́фия) _____

_____

11. Кто е́дет **в лимузи́не**? (мои́ сосе́ди) _____

_____

12. Кто был **на собра́нии**? (её сотру́дники) _____

_____

Урок 4

Зина занималась танцами

Зи́на ра́ньше занима́лась та́нцами.

 Упражнение 17

Complete the sentences by putting Reflexive Verbs in parentheses into the Past Tense.

1. Вчера́ И́горь и Са́ша (обща́ться) **общались** с ме́неджером. 2. Ни́на всегда́ (здоро́ваться) _____ с сосе́дями. 3. Ра́ньше э́то сло́во (писа́ться) _____ че́рез ъ. 4. Ребёнок (не умыва́ться) _____. 5. Эти трюки (де́латься) _____ вот так. 6. Кафе́ (открыва́ться) _____ в 8 часо́в утра́. 7. Ра́ньше мой рабо́чий день (конча́ться) _____ в 5 часо́в. 8. Заня́тия всегда́ (начина́ться) _____ в 9 часо́в. 9. Они (познако́миться) _____ в Москве́. 10. Ю́рий (занима́ться) _____ дзюдо́, когда́ (учи́ться) _____ в университе́те.

40

Подарки

Пода́рок – это знак уваже́ния к челове́ку. Ру́сские обы́чно хо́дят в го́сти с пода́рками, да́же е́сли это не день рожде́ния или како́й-то друго́й пра́здник. Это мо́жет быть буке́т, сувени́р, конфе́ты, торт и т.д. Коне́чно, есть слу́чаи, когда́ мо́жно прийти́ в го́сти без пода́рка. Наприме́р, е́сли вы идёте на официа́льный приём, то пода́рок не ну́жен. Но сейча́с мы не бу́дем об э́том говори́ть.

Ита́к, вас про́сто пригласи́ли в го́сти, и вы не зна́ете, что подари́ть. Существу́ют универса́льные пода́рки: цветы́, конфе́ты, хоро́ший чай или буты́лка вина́. Е́сли вас пригласи́ли на день рожде́ния, то вы мо́жете подари́ть что-то поле́зное, осо́бенно, е́сли вы зна́ете вку́сы имени́нника: краси́вый аксессуа́р для планше́та или пода́рочный сертифика́т в сало́н. Е́сли ваш друг – люби́тель экстри́ма, то вы мо́жете подари́ть ему́ что-то экстраордина́рное: наприме́р прыжо́к с парашю́том. Е́сли вы спро́сите, мо́жно ли дари́ть де́ньги, то отве́т бу́дет: де́ньги лу́чше не дари́ть. То́лько о́чень бли́зкие друзья́ или ро́дственники да́рят де́ньги, ина́че вы мо́жете поста́вить челове́ка в неудо́бное положе́ние.

Ну́жно по́мнить, что когда́ вы идёте в го́сти в дом, где есть хозя́йка, то обяза́тельно ну́жно купи́ть цветы́, да́же е́сли имени́нник – мужчи́на. Пода́рок да́рится мужчи́не, а хозя́йке – цветы́. Здесь есть оди́н ма́ленький нюа́нс: коли́чество цвето́в должно́ быть нечётное: 1, 3, 5 и т. д.

Дари́те друг дру́гу пода́рки! Дари́те друг дру́гу хоро́шее настрое́ние!

Необычные подарки

Кольцо-лягушка за 150 000 долларов

Изве́стная телеведу́щая Ксе́ния Собча́к сего́дня мно́го улыба́лась на вечери́нке. На па́льце у неё бы́ло эксклюзи́вное кольцо́, кото́рое Ксе́нии подари́л её возлю́бленный Серге́й Капко́в. Кольцо́-лягу́шку Серге́й купи́л за 150 000 до́лларов. «Серге́й про́сто осыпа́ет Ксю́шу пода́рками, – говори́т подру́га Ксе́нии. – Его́ пода́рки всегда́ эксклюзи́вные и безу́мно дороги́е, ведь у Ксю́ши о́чень тре́бовательный вкус».

Древний замок в Уэльсе за 5 500 000 долларов

Майкл Ду́глас – изве́стный голливу́дский актёр и рома́нтик подари́л жене́ Кэ́трин Зе́та-Джонс дре́вний за́мок в Уэ́льсе, Великобрита́ния. Стари́нный, удиви́тельно краси́вый за́мок экспе́рты оцени́ли в пять с полови́ной миллио́нов.

Особняк за 7 000 000 евро

Са́мый зави́дный холостя́к Криштиа́ну Рона́лду купи́л подру́ге Ири́не Шейк особня́к в Мадри́де, кото́рый сто́ит семь миллио́нов е́вро. Журнали́сты утвержда́ют, что па́рочка уже́ гото́ва свить гнёздышко.

Местоимения

	со	(я)	**мной**
		(ты)	**тобо́й**
		(он/оно)	**ним**
Нина рабо́тает	**с**	(она)	**ней**
		(мы)	**на́ми**
		(вы)	**ва́ми**
		(они)	**ни́ми**

 Упражнение 18

Create sentences describing who is talking to whom.

Образец: 1. **Я разговариваю с вами.**

1. я ⟶ 2. вы ⟶ 3. она ⟶ 4. он ⟶ 5. мы ⟶ 6. они ⟶ 7. я ⟶

8. ты ⟶ 9. ме́неджеры ⟶ 10. Анна ⟶ 11. Ольга Ивановна ⟶

12. Пётр Серге́евич ⟶ 13. Мария Алекса́ндровна ⟶ 14. студе́нт ⟶

15. студе́нтка ⟶ 16. пассажи́р ⟶ 17. жена́ ⟶ 18. брат ⟶

19. сын ⟶ 20. сестра́ ⟶ де́душка.

 Упражнение 19

Rewrite the sentences by replacing the words in bold with the Personal Pronouns.

1. Ди́ма сиде́л ря́дом **с Серёжей**. _____ **Дима сидел рядом с ним.** _____

2. Са́ша всегда́ здоро́вается с **сосе́дями**. _____

_____

3. Над **столо́м** висе́ла больша́я хруста́льная лю́стра. _____

_____

4. Они ра́ньше ре́дко обща́лись **с Ири́ной и Ната́шей.** _____

_____

5. Я уже́ говори́ла **с ма́мой** об э́том. _____

_____

6. За **дома́ми** бы́ло о́зеро. _____

7. **Со мной и с бра́том** бы́ли на́ши роди́тели. _____

_____

8. Я сего́дня занима́юсь с **Анной Григо́рьевной.** _____

_____

9. Ли́да не хо́чет разгова́ривать **с Петро́м** по телефо́ну. _____

_____

Сколько вин?

1 ⟶ **одно́** вино́

2, 3,4 ⟶ **два**, три, четы́ре вина́

5, 6,7 20
мно́го, ма́ло, ⟶ вин
нет, сколько?

Упражнение 20

Practice counting neuter objects.

1. сло́во **одно слово, два слова, пять слов;**

2. письмо́

3. де́ло

4. ме́сто

5. блю́до

6. окно́

7. яйцо́

8. о́зеро

9. со́лнце

10. я́блоко

11. лицо́

12. кре́сло

13. число́

Урок 5

На маленьком диване

- На чём лежит дя́дя Ко́ля?

- Дядя Коля лежи́т на дива́не.

- На **како́м** дива́не лежи́т дядя Коля?

- Дядя Коля лежи́т на ма́леньк**ом** дива́не.

Ом-ем

пе́рвый этаж	на пе́рв**ом** этаже́
большо́е о́зеро	в больш**о́м** о́зере
ма́ленький дива́н	на ма́леньк**ом** дива́не
си́нее море	в си́н**ем** море
тре́тий курс	на тре́ть**ем** ку́рсе
хоро́шее кафе	в хоро́ш**ем** кафе́

 **Упражнение 21**

Complete sentences using the words in bold in the correct form.

1. Это **Медицинский университет**. Мой друг учится в <u>Медицинском университете</u>. 2. Это **синий** конверт. Это **кухонный** стол. Деньги лежат в _____ конверте на _____ столе. 3. **То синее** озеро. В _____ _____ озере много рыбы. 4. Это **большой красивый** город. Он живёт в _____ _____ городе. 5. **Это молодой** человек. Я не хочу говорить об _____ _____ _____ человеке. 6. Это **большой** банк. Елена работает в _____ банке. 7. Это **шикарный** лимузин. Они едут в _____ лимузине. 8. Это **третий** класс. Его сын учится в _____ классе. 9. Это **оливковое** масло. Моя мама любит готовить на _____ масле. 10. Это **первый** подъезд. Наш начальник живёт в _____ подъезде. 11. Это **тридцать третий** ряд. У нас места в _____ _____ ряду. 12. Это **хороший** учебник. В _____ учебнике должно быть много упражнений. 13. **Это уютное маленькое** кафе. Он всегда обедает в _____ _____ _____ кафе.

Упражнение 22

Create pairs of questions and answers with the given words, following the example.

Образец: 1. **На каком этаже живёт Антон?**

Антон живёт на первом этаже.

1. Антон/1;   2. Марина/4;   3. Иван Иванович/11;   4. мы/5;   5. вы/3;   6. ты/8;   7. студенты/14;   8. я/23;   9. Ольга с Игорем/2.

В общежитии

Добрый день. Меня́ зову́т Макси́м. Я живу́ в Санкт- Петербу́рге. Я студе́нт. Я учу́сь в Санкт-Петербу́ргском госуда́рственном университе́те на экономи́ческом факульте́те. Я живу́ в студе́нческом общежи́тии. У нас в общежи́тии на ка́ждом этаже́ четы́рнадцать ко́мнат, две ку́хни, два туале́та и больша́я рабо́чая ко́мната, где всегда́ ти́хо и мо́жно занима́ться. Мы живём на тре́тьем этаже́.

Со мной в ко́мнате та́кже живу́т два па́рня, Серге́й и Андре́й. Мы хоро́шие друзья́. Мы гото́вим по о́череди, потому́ что обе́дать в кафе́ до́рого. Сего́дня моя́ о́чередь гото́вить. Но снача́ла на́до купи́ть проду́кты. Сейча́с мы с Серге́ем идём в магази́н.

Надо купить

Максим:	Серёга, давай решим, что надо купить. Картошка у нас есть?
Сергей:	Нет, картошки нет.
Максим:	Так, значит надо купить картошку. Картошку вкусно жарить на подсолнечном масле. Подсолнечное масло есть?
Сергей:	Подсолнечное масло есть.
Максим:	Чай есть?
Сергей:	Чая нет.
Максим:	Так, пишу: купить чай. Сахар есть?
Сергей:	Сахара нет.
Максим:	Так, купить сахар. А соль у нас есть?
Сергей:	Да, соль есть. Макс, у нас нет колбасы.
Максим:	Колбаса дорогая. У нас есть консервы. Кстати, какие консервы у нас есть?
Сергей:	У нас есть одна банка кильки в томате.
Максим:	Килька в томате - это очень хорошо. Но надо купить ещё две, потому что одна банка это мало.
Сергей:	Макс, надо купить что-нибудь к чаю.
Максим:	Да, к чаю можно купить печенье.
Сергей:	Надо купить два батона и варенье.
Максим:	Отлично! Всё, пора идти в магазин, потому что у меня уже слюнки текут.
Сергей:	Да, пора. Я тоже голодный.

Сегодня я иду в бассейн одна

Обычно я хожу́ в бассе́йн со Све́той.

Сего́дня я иду́ в бассе́йн одна́.

Упражнение 23

Usually different people do something together with somebody. Today they are doing those things alone. Rephrase the following sentences, as in the example.

1. Обы́чно Ольга хо́дит в теа́тр с И́горем.   **Сего́дня Ольга идёт в театр одна.**

2. Обычно мы ходим в кино́ с друзьями. _____

_____

3. Обычно Ири́на хо́дит на дискоте́ку с Са́шей. _____

_____

4. Обычно ма́ма е́здит на рабо́ту с па́пой. _____

_____

5. Обычно вы е́здите в банк с Оле́гом Петро́вичем. _____

_____

6. Обычно ты (мужчи́на) рабо́таешь с Бори́сом. _____

_____

7. Обычно Ни́на Петро́вна хо́дит на ры́нок с сосе́дкой. _____

_____

8. Обычно я (девушка) обе́даю в кафе́ с колле́гами. _____

_____

Надо

Антону надо занима́ться спо́ртом.

 ## Упражнение 24

Different people are engaged in different activities. Create sentences using the words given.

занима́ться

1. Света/языки́   **Свете надо заниматься языками.**

2. Максим/футбо́л _____

3. Ю́рий/те́ннис _____

4. Ле́ночка/бале́т _____

5. Пётр/матема́тика _____

6. Серге́й/фи́зика _____

7. Ири́на/гимна́стика _____

8. Серге́й Ива́нович/би́знес _____

9. оте́ц/сын _____

Об этом и о том

	этот стул	на эт**ом** сту́ле
	то де́ло	о т**ом** де́ле

Упражнение 25

Complete the following sentences using the words in parenthesis into correct form.

1. В (этот месяц) **этом** **месяце** мы будем работать с компанией «Деловые линии». 2. В (это дело) _____ _____ много вопросов, которые надо решать. 3. О каком письме вы говорите: об (это) _____ или о (то) _____ ? 4. В (этот офис) _____ _____ работает моя сестра. 5. В (то море) _____ _____ много соли. 6. Об (это событие) _____ _____ мы поговорим завтра. 7. В (тот класс) _____ _____ нет дисциплины. 8. Максим живёт в (это общежитие) _____ _____ на третьем этаже. 9. Мы поговорим об (этот вопрос) _____ _____ на собрании.

Урок 6

 **Ь**

Морко́вь поле́зная. В морко́ви мно́го кароти́на.

  Упражнение 26

Complete the following sentences using the words in parenthesis, following the example.

1. На (дверь) __**двери**__ виси́т плака́т.   2. В этой (мазь) _____ есть стеро́иды.   3. О како́м вре́мени мы говори́м: о (по́лночь) _____ или о по́лдне?   4. На олимпи́йской (меда́ль) _____ мы ви́дим пять коле́ц. 5. Мы не бу́дем говори́ть о (смерть) _____ .   6. В моей (мышь) _____ разряди́лась батаре́йка.   7. У меня́ в (кровь) _____ ни́зкий гемоглоби́н. 8. Игорь говори́л Ольге о (любо́вь) _____ .   9. Пу́шкин мно́го писа́л об (о́сень) _____ .   10. В (соль) _____ нет кало́рий.

В маленькой чашке

В ма́ленькой ча́шке ко́фе, а в большо́й ча́шке чай.

Ой-ей

соседняя у́лица	на сосе́дней у́лице
пра́вая бровь	на пра́вой брови́

 Упражне́ние 27

Complete sentences using the words in bold in the correct form.

1. Это **но́вая шко́ла**. Са́ша у́чится в <u>**но́вой шко́ле.**</u>

2. Это **Садо́вая у́лица.** Я живу́ на _____

3. Это **ма́ленькая страна́.** Он сейча́с живёт в _____

    _____

4. Это **о́чень изве́стная актри́са.** Я говорю́ об _____

    _____

5. Это **хруста́льная ва́за.** Цветы́ стоя́т в _____

6. Это **гости́ная.** Телеви́зор стои́т в _____

7. Это **ле́вая рука́.** У Бори́са часы́ на _____

8. Это **си́няя неме́цкая маши́на.** Он е́здит на _____

    _____

9. То **италья́нская о́пера.** Мы говори́м об _____

    _____

10. Это **авто́бусная остано́вка.** Лю́ди стоя́т на _____

    _____

11. Это **де́тская площа́дка.** Де́ти игра́ют на _____

12. То была́ **о́чень хоро́шая вы́ставка.** Мы бы́ли на _____

    _____

13. Это его́ **мла́дшая сестра́.** Ты говори́шь о его́ _____

14. Это **больша́я деревя́нная дверь**. Плака́т виси́т на _____

_____

Парень в клетчатой рубашке

Светла́на живёт в большо́м многоэта́жном до́ме на Садо́вой у́лице. Её подру́га, Ю́ля, живёт в сосе́днем подъе́зде. У них в до́ме шесть подъе́здов. Све́та живёт во второ́м подъе́зде, а Ю́ля в пе́рвом. Их шко́ла нахо́дится на сосе́дней Инжене́рной у́лице, поэ́тому Све́та и Ю́ля хо́дят в шко́лу пешко́м. Иногда́ Све́та звони́т Ю́ле, иногда́ Ю́ля звони́т Све́те. Пото́м они́ встреча́ются о́коло подъе́зда и иду́т вме́сте в шко́лу.

Света с Ю́лей у́чатся в специализи́рованной англи́йской шко́ле но́мер 235. Их уро́ки начина́ются в 8.30. Де́ти у́чатся пять дней в неде́лю. Ка́ждый день у них ра́зное расписа́ние. В понеде́льник, сре́ду и пя́тницу у них пять уро́ков, а во вто́рник и в четве́рг шесть. На шесто́м уро́ке у них физкульту́ра.

Ну где справедли́вость?

Света: Ю́лька, приве́т.

Ю́ля: Приве́т, Све́та. Ско́лько ты вчера́ сочине́ние писа́ла? Я потра́тила 3 часа́. У́жас!

Света: И не говори́. Жи́зни нет! Я то́же вчера́ 2 часа́ писа́ла сочине́ние, 2 часа́ де́лала матема́тику, час биоло́гию, час фи́зику и два часа́ зубри́ла англи́йский!

Ю́ля: Ой, смотри́, кто э́то? Э́то Макс?

Света: Где?

Ю́ля: Вон там, ви́дишь, па́рень в кле́тчатой руба́шке?

Света: Да, э́то Макс, то́чно Макс. То́лько у него́ во́лосы си́ние. Класс! Он на про́шлой неде́ле бровь проко́лол. Его́ друг Са́шка Ивано́в то́же проко́лол бровь.

Ю́ля: Да, я ви́дела, у Ма́кса на пра́вой брови́ серьга́, а у Са́шки на ле́вой. А мне оте́ц сказа́л: проко́лешь себе́ что-нибу́дь – домо́й не приходи́. Ну где справедли́вость?

Света: И не говори́.

Находи́ться

я	ты	он/она́/оно́
нахожу́сь	нахо́дишься	нахо́дится
мы	вы	они́
нахо́димся	нахо́дитесь	нахо́дятся

 **Упражнение 28**

Create pairs of questions and answers using the words given, as in the example.

1. шко́ла/у́лица Весёлая **Где нахо́дится шко́ла? Шко́ла нахо́дится на у́лице Весёлой.**

2. це́рковь/бульва́р Ми́ра _____

_____

3. я/торго́вый центр «Ли́ния» _____

_____

4. ты /Театра́льная пло́щадь _____

_____

5. они/у́лица Зелёная _____

_____

6. кни́ги/по́лка _____

_____

7. дире́ктор/кабине́т _____

_____

8. мы/ Кра́сная пло́щадь _____

_____

9. ключи́/карма́н _____

_____

10. вы/кафе́ «Весна́» _____

_____

11. моя́ сестра́/ о́перный теа́тр _____

_____

Это кафе, в котором я обедаю

Это кафе́. Я здесь всегда́ обе́даю.

Это кафе́, в кото́ром я всегда́ обе́даю.

 ## Упражнение 29

Rephrase the following sentences using the pronoun **который**.

1.

Это моя подру́га Мо́ника.

Я вам о ней говори́ла.

2.

Это дом. В нём живу́т мои́

де́душка с ба́бушкой.

1. __Это моя подруга Моника, о которой я вам говорила.__

2. _____

_____

3.

Это самолёт. На нём лета́ет

Бори́с Ива́нович.

4.

Это такси́. На нём

прие́хала Ири́на.

3. _____

_____

4. _____

_____

5.

Это стол.

На нём лежи́т кни́га.

6.

Это ваза.

В ней стоя́т цветы́.

5. _____

_____

6. _____

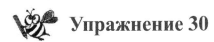

Упражнение 30

Write down three pairs of the words to each point practicing counting objects of different genders.

1. брат **один брат, два брата, нет братьев;**

2. суббо́та

3. час

4. вино́

5. секрета́рша

6. за́втрак

7. портфе́ль

8. мину́та

9. ве́чер

10. секу́нда

11. друг

12. рубль

13. мужчи́на

14. текст

5. кольцо́

16. гость

17. медсестра́

Урок 7

При университете

Света: Я изуча́ю бухгалте́рию.

Друг: Ты в шко́ле изуча́ешь бухгалте́рию?

Света: Нет, я хожу́ на ку́рсы в университе́т. При Политехни́ческом университе́те есть бухга́лтерские ку́рсы.

Упражнение 31

A) Rephrase the following sentences, using the preposition **при**, as in the example.

1. На террито́рии це́ркви есть магази́н. **При церкви есть магазин.**

2. На террито́рии заво́да есть общежи́тие. _____

3. На террито́рии общежи́тия есть столо́вая. _____

4. В э́том спорти́вном ко́мплексе есть са́уна. _____

5. На террито́рии рестора́на есть билья́рдная ко́мната. _____

6. На террито́рии магази́на есть парко́вка. _____

7. На террито́рии вокза́ла есть по́чта. _____

8. На террито́рии шко́лы есть большо́й бассе́йн. _____

_____

9. На террито́рии оте́ля есть отли́чный рестора́н. _____

_____

Б) Rephrase the following sentences using the preposition **при**, as in the example.

1. Ря́дом с ним была́ соба́ка. _____**При нём была собака.**_____

2. У них бы́ли де́ньги. _____

3. Ученики́ сидя́т ти́хо, когда́ учи́тель в кла́ссе. _____

_____

4. Когда́ нача́льник ря́дом, секрета́рша не болта́ет по телефо́ну. _____

_____

5. Я не хочу́ говори́ть об Игоре Ива́новиче, когда́ Мари́на ря́дом. _____

_____

6. У меня́ в карма́не была́ фотогра́фия сы́на. _____

_____

Све́та говори́т по-испа́нски. = Све́та разгова́ривает на испа́нском.

Упражнение 32

Create pairs of questions and answers with the given words, following the example.

Образец: 1. **На каком языке разговаривает Ирина? Ирина разговаривает на русском.**

1. Ири́на – ру́сская. 2. Мари́ Поль – францу́женка. 3. Мо́ника – не́мка. 4. Джеймс – англича́нин. 5. Ами́р – ара́б. 6. Хосе́ – мексика́нец. 7. Сунь Чен – китая́нка. 8. Маки́ко – япо́нка. 9. Майк – америка́нец. 11. Сулико́ – грузи́нка.

Света готовится к экзамену

Это Светла́на. Она у́чится в шко́ле. Она у́чится в после́днем двена́дцатом кла́ссе. Све́та хо́чет поступи́ть в университе́т на филологи́ческий факульте́т. Она очень лю́бит языки́. Светлана хорошо́ говори́т по-англи́йски. Сейча́с она у́чит испа́нский. Она хо́дит на ку́рсы при университе́те. У Светланы есть дядя, кото́рый живёт в Мадриде. Она обеща́ла дяде, что в сле́дующем году́ она будет разгова́ривать с ним на испа́нском.

За́втра у Светланы экза́мен по исто́рии. За окно́м со́лнце, хоро́шая пого́да, но Света должна́ гото́виться к экза́мену.

Учить/учиться

Учить   ⟶   что? ⟶ испанский

Учить   ⟶   кого? ⟶ сына

Учиться ⟶ где? ⟶ в колледже

 Упражнение 33

Complete the sentences by choosing the correct form of the verbs **учить/ учиться**.

учить/учиться

1. Дми́трий ___**учится**___ в Госуда́рственном университе́те на экономи́ческом факульте́те. 2. На́ши де́ти _____ в шко́ле. 3. Макси́м, ты что там де́лаешь: _____ или игра́ешь на компью́тере? 4. Како́й язы́к вы сейча́с _____ ? 5. Мать _____ сы́на: «Сыно́к, на́до всегда́ говори́ть пра́вду.» 6. Я _____ в Медици́нском институ́те. 7. Вчера́ мама _____ Мари́ну гото́вить ола́душки. 8. Студе́нты вчера́ не _____ . У них был выходно́й. 9. Ты так хорошо́ е́здишь на велосипе́де. Кто тебя́ _____ ? 10. Сего́дня мы бу́дем _____ но́вые слова́.

Учусь

Юля:	Све́тик, приве́т. Что де́лаешь?
Светлана:	Учу́сь. Исто́рию зубрю́.
Юля:	А-а. Ты сего́дня ве́чером идёшь с на́ми на дискоте́ку?
Светлана:	Нет, я не иду́. У меня́ за́втра экза́мен по исто́рии. А с кем ты идёшь?
Юля:	Ну с на́ми идёт И́ра Бело́ва, Макс и Ю́рка.
Светлана:	А где дискоте́ка?

Юля:	В «Магелла́не».
Светлана:	А что тако́е «Магелла́н»? Где э́то?
Юля:	«Магелла́н» - э́то танцева́льная сту́дия на Зелёной у́лице. Там днём заня́тия, а ве́чером дискоте́ка. Там му́зыка кла́ссная. Михаи́л, твой сосе́д, там рабо́тает диск-жоке́ем. Так ты идёшь?
Светлана:	Хочу́, но не могу́. Мне на́до занима́ться.
Юля:	Ну ла́дно, пока́. Уви́димся за́втра.
Светлана:	Пока́.

Мне надо заниматься

Надо заниматься	(я)	мне
	(ты)	тебе́
	(он)	ему́
	(она)	ей
	(мы)	нам
	(вы)	вам
	(они́)	им

Упражнение 34

Rewrite sentences by replacing names of the people with the proper pronouns.

1. Са́ша звони́т **Ната́ше** каждый день. _____ **Он звонит ей каждый день.** _____

2. **Ви́ктор Серге́евич** обеща́л купи́ть **сы́ну** велосипе́д. _____

_____

3. **Серёжа** говори́л **ма́ме и па́пе**, что ви́дел меня́. _____

_____

4. **Мари́я Ива́новна** дала́ **мне и Ири́не** два словаря́. _____

_____

5. **И́горь** звони́л **Бори́су** в четве́рг. _____

_____

6. **Еле́на Серге́евна** купи́ла **подру́ге** дорого́й пода́рок. _____

_____

7. **Серёжа и Са́ша** обеща́ли **ма́ме и па́пе** не ссо́риться. _____

_____

8. **Ири́на** говори́ла **му́жу**, что звони́ла его́ ма́ма. _____

_____

9. **Де́душка** обеща́л **ба́бушке** купи́ть но́вый телефо́н. _____

_____

Себе

Продаве́ц: Вы покупа́ете этот компью́тер себе́?

Покупа́тель: Нет, у меня́ уже́ есть компью́тер.

                    Этот компью́тер я покупа́ю бра́ту.

Упражнение 35

Answer the questions using the Personal Pronoun **себя**, as in the example.

1. Кому́ Игорь покупа́ет но́вый костю́м? __**Игорь покупает новый костюм себе.**__

2. Кому́ твои́ роди́тели покупа́ют маши́ну? _____

_____

3. О ком говори́т Еле́на Влади́мировна? _____

_____

4. У кого́ на фи́рме рабо́тает Ви́ктор? _____

5. О ком Зи́на всё вре́мя ду́мает? _____

6. Ме́жду кем хотя́т обсуди́ть оди́н вопро́с Ни́на с Мари́ной? _____

_____

7. Кого́ лю́бит Ило́на? _____

8. На кого́ Аня смо́трит в зе́ркало? _____

Упражнение 36

Ask questions about the words in bold, following the example.

1. Студе́нты говори́ли **о но́вом** расписа́нии. __**О каком расписании говорили**__
__**студенты?**__

2. Никола́й Петро́вич живёт в кварти́ре **но́мер пять.** _____

_____

3. Наш ме́неджер до́лго говори́л о **но́вом** прое́кте. _____

_____

4. Брат Еле́ны рабо́тает в **ру́сско-америка́нской** фи́рме. _____

_____

5. Сестра́ Миха́йла Андре́евича сейча́с живёт в **трёхко́мнатной** кварти́ре. _____

6. Ольга сегодня пришла на работу в **новом** платье. _____

7. В упражнении **номер пятнадцать** есть ошибка. _____

8. Мои друзья живут на **шестнадцатом** этаже. _____

Урок 8

Я стригу собаку

– Ни́на, что ты сейчас де́лаешь?

– Я сейчас стригу́ соба́ку.

– А как ча́сто ты её стрижёшь?

– Ра́ньше мы стри́гли её в парикма́херской раз в два ме́сяца, а сейчас я её стригу́ сама́ ка́ждый ме́сяц.

Сам/сама/само/сами

он	она	оно	они
сам	сама́	само́	са́ми

Стричь

сейчас	
я	стригу́
ты	стрижёшь
он/она/оно	стрижёт
мы	стрижём
вы	стрижёте
они	стригу́т

вчера́	
он	стриг
она	стри́гла
оно	стри́гло
мы/вы/они	стри́гли

Упражнение 37

А) Create sentences describing people who are giving a haircut to other people, as in the example.

Образец: **1. Я стригу вас сам.**

1. я (мужчи́на) ⟶ 2. вы ⟶ 3. она́ ⟶ 4. он ⟶ 5. мы ⟶ 6. они́ ⟶

7. Еле́на Бори́совна ⟶ 8. Влади́мир ⟶ 9. Михаи́л Никола́евич ⟶

10. Людми́ла ⟶ 11. ты (де́вушка) ⟶ 12. брат ⟶ 13. я (же́нщина) ⟶

14. сын ⟶ 15. ба́бушка ⟶ дедушка ⟶ 16. внук.

 Б) Put the sentences from (A) into the Past Tense and write them down, as in the example.

2 . _____**Я стриг вас сам.**_____

3. _____

4. _____

5. _____

6. _____

7. _____

8. _____

9. _____

10. _____

11. _____

12. _____

13. _____

14. _____

15. _____

16. _____

Я постригла пуделя

Что ты сейча́с де́лаешь?

Я стригу́ пу́деля.

Что ты сде́лала?

Я постри́гла пу́деля.

Что ты вчера́ де́лала?

Я вчера́ стри́гла пу́деля.

Что ты вчера́ сде́лала?

Я вчера́ постри́гла пу́деля.

Делать/сделать

де́лать	сде́лать
стричь	постри́чь
писа́ть	написа́ть
чита́ть	прочита́ть

Упражнение 38

Different people were doing different things yesterday. Rephrase the sentences describing an action that was completed successfully. Use the Perfective form of the verb.

1. Ребёнок пил молоко́. (пить/вы́пить) ____**Ребёнок вы́пил молоко́.**____

2. Мари́на не де́лала уро́ки в пя́тницу ве́чером (де́лать/сде́лать). _____

_____

3. Студе́нт учи́л но́вые слова́ (учи́ть/вы́учить). _____

_____

4. Михаи́л Серге́евич говори́л с ме́неджером о вас (говори́ть/поговори́ть). _____

_____

5. Ири́на чита́ла рома́н Пу́шкина «Евге́ний Оне́гин» (чита́ть/прочита́ть). _____

_____

6. У́тром на́ша ма́ма гото́вила обе́д (гото́вить/пригото́вить). _____

_____

7. Молодо́й челове́к смотре́л на де́вушку (смотре́ть/посмотре́ть). _____

_____

8. В суббо́ту у́тром Бори́с стриг бра́та (стричь/постри́чь). _____

_____

9. Я вчера́ смотре́л о́чень интере́сный документа́льный фильм по телеви́зору (смотре́ть/посмотре́ть). _____

_____

Я уже́ написа́ла сочине́ние

Юля: Све́точка, приве́т!

Света: Приве́т, Ю́лька.

Юля: Что ты сейча́с де́лаешь?

Света: Я сейча́с де́лаю матема́тику. А ты уже́ все уро́ки сде́лала?

Юля: Да, я сочине́ние ещё в пя́тницу ве́чером написа́ла, а всё остально́е в суббо́ту у́тром.

Света: Я сочине́ние то́же написа́ла, сла́ва Бо́гу! Я его́ в пя́тницу начала́ писа́ть, а зако́нчила в суббо́ту.

Юля: Это хорошо, что ты сочине́ние написа́ла. Я его́ писа́ла 4 часа́ с переры́вами. Ну, ла́дно, занима́йся. Пока́!

Света: Пока́!

Упражнение 39

Different people haven't done certain things yet. They are doing them now. Complete the following sentences by putting the verbs in parentheses into the correct form.

1. Я (мужчи́на) ещё не **прочитал** пара́граф. Я его́ сейча́с **читаю** . (чита́ть/прочита́ть)   2.   Мы   ещё   не _____ . Мы сейча́с _____ . (обе́дать/пообе́дать)   3. Я (же́нщина) ещё не _____ ма́ме. Я сейча́с ей _____ . (звони́ть/позвони́ть)

4. Студе́нты ещё не _____ пра́вило. Они его́ сейча́с _____ . (учи́ть/вы́учить)   5. Аня ещё не _____ ба́бушку. Она её сейча́с _____ . (стричь/постри́чь)   6. Де́ти ешё не _____ фру́кты. Они их сейча́с _____ . (есть/съесть)   7. Вы ещё не _____ упражне́ние но́мер три́дцать во́семь. Вы его́ сейча́с _____ . (де́лать/сде́лать) 8. Юля еще не _____ сочине́ние. Она́ его сейча́с _____ . (писа́ть/написа́ть)

Упражнение 40

Different people are doing different things now. Rephrase the sentences describing what they will have done by certain time in the future.

1. Сейча́с Ми́ша ест я́блоко. **Миша съест яблоко.**

2. Анна Никола́евна сейча́с счита́ет де́ньги (счита́ть/посчита́ть). _____

_____

3. Парикмахер сейчас стрижёт клиента (стричь/постричь). _____

_____

4. Борис сейчас пишет электронное письмо другу (писать/написать). _____

_____

5. Мы сейчас смотрим балет «Лебединое озеро» (смотреть/посмотреть). _____

_____

6. Учсники сейчас делают упражнение номер четырнадцать (делать/сделать). _____

_____

7. Наши дети сейчас учат стихи (учить/ выучить). _____

_____

8. Леночка сейчас ест мороженое (есть/съесть). _____

_____

9. Ты сейчас читаешь иностранный журнал (читать/ прочитать). _____

_____

Полигло́ты

Кто таки́е полигло́ты? Полигло́ты – это лю́ди, кото́рые зна́ют мно́го языко́в. Мно́го – это ско́лько? Ну, по кра́йней ме́ре, пять. Полигло́т говори́т, что он зна́ет язы́к, е́сли он говори́т на нём свобо́дно.

В ми́ре мно́го полигло́тов? Да, доста́точно мно́го. Леге́нда гласи́т, что Бу́дда знал 105 языко́в, а проро́к Магоме́т знал все языки́ ми́ра. Кни́га реко́рдов Ги́ннеса утвержда́ет, что италья́нский кардина́л Джузе́ппе Меццофа́нти, кото́рый жил в про́шлом ве́ке в Ватика́не, знал шестьдеся́т языко́в.

А в на́ше вре́мя есть полигло́ты? Да, коне́чно, есть. Вот, наприме́р, в Москве́ живёт врач-вирусо́лог Ви́лли Ме́льников. Ви́лли – номина́нт Кни́ги реко́рдов Ги́ннеса. Он зна́ет 103 языка́. Это удиви́тельно, но Ви́лли ещё пи́шет стихи́ и снима́ется в кино́. Учёные не мо́гут объясни́ть феноме́н Ви́лли.

Что же ну́жно де́лать, что́бы бы́стро вы́учить язы́к? В Будапе́ште жила́ венге́рская писа́тельница и перево́дчица Като́ Ломб, кото́рая свобо́дно говори́ла на ру́сском, англи́йском, неме́цком, испа́нском, италья́нском, францу́зском, по́льском, кита́йском и япо́нском. Интере́сно, что она вы́учила эти языки́ уже́ в зре́лом во́зрасте. Като́ говори́ла, что, е́сли вы хоти́те вы́учить язы́к в коро́ткий срок, ну́жно: занима́ться ка́ждый день, всегда́ учи́ть фра́зы в конте́ксте, учи́ть то́лько пра́вильные фра́зы и не сдава́ться, е́сли что-то не получа́ется.

Урок 9

Мы видим ветряную мельницу

На этой карти́нке мы ви́дим ветряну́ю ме́льницу.

Ую - юю

эта деревя́нная дверь		эту деревя́нную дверь
та ветряна́я ме́льница		ту ветряну́ю ме́льницу
ваша си́няя маши́на	Я ви́жу	вашу синюю машину
наш чёрный лимузи́н		наш чёрный лимузи́н
си́нее море		си́нее мо́ре
мои больши́е о́кна		мои больши́е о́кна

78

Я смотрю на компьютерную мышь

 Упражнение 41

Complete the following sentences by putting words in parenthesis into the correct form.

1. Журналисты очень любят __**скандальные**__ __**истории**__ (скандальные истории). 2. Джон недавно купил себе _____ _____ _____ (шикарный белый кадиллак). 3. Нина очень любит _____ _____ (классическая музыка). 4. Вчера мы ходили во _____ _____ (французский ресторан). 5. Певица ещё не выучила _____ _____ (новая песня). 6. Игорь Крутой пишет _____ _____ (замечательная музыка). 7. Мы открываем _____ _____ (деревянная дверь). 8. Вы уже проверили _____ _____ (электронная почта)? 9. Скажите пожалуйста, где можно купить _____ _____ (иностранная валюта)?

 Упражнение 42

Create the following sentences in the Past Tense with the given words, as in the example.

1. Ребёнок смотрит на (высокая башня). __**Ребёнок смотрел на высокую башню.**__

2. Елена Петровна обожает (итальянская опера). _____

3. Мы с бра́том сейча́с смо́трим (де́тские фотогра́фии). _____

_____

4. Ольга хочет купить му́жу (кле́тчатая руба́шка). _____

_____

5. Ма́шенька не хо́чет есть (ма́нная ка́ша). _____

_____

6. Михаи́л преподаёт (ру́сская литерату́ра). _____

_____

7. Де́душка сиди́т в кре́сле и чита́ет (интере́сный журна́л). _____

_____

8. Мой брат обожа́ет (испа́нская гита́ра). _____

_____

9. Джон заполня́ет (тамо́женная деклара́ция). _____

_____

10. Пётр лю́бит (смешны́е исто́рии). _____

_____

11. Григо́рий смо́трит на (олимпи́йская меда́ль). _____

_____

12. Мой брат хо́дит в (сре́дняя шко́ла № 296). _____

_____

В аэропорту Шереметьево

Джон Смит – бизнесме́н. Его́ деловы́е партнёры нахо́дятся в Москве́. Они́ пригласи́ли Джо́на в го́сти. Джон давно́ мечта́л посети́ть Москву́ и посмотре́ть её достопримеча́тельности.

Сейча́с Джон нахо́дится в моско́вском аэропорту́ Шереме́тьево-2. Он до́лжен пройти́ па́спортный контро́ль и досмо́тр багажа́. Таможенную деклара́цию Джон запо́лнил ещё в самолёте. У него́ в пра́вой руке́ чемода́н, а в ле́вой - доро́жная су́мка. На ле́вом плече́ у него́ су́мка с компью́тером.

Разговор с таможенником

Тамо́женник:	Ваш па́спорт, пожалуйста.
Джон:	Вот, пожалуйста.

Таможенник:	Господи́н Смит, отку́да вы лети́те?
Джон:	Я лечу́ из Сан-Франци́ско.
Таможенник:	Кака́я цель визи́та?
Джон:	Би́знес.
Таможенник:	Вы в пе́рвый раз в Москве́?
Джон:	Да, в пе́рвый раз.
Таможенник:	Так, посмо́трим. Вы задеклари́ровали ваш персона́льный компью́тер и фотоаппара́т. Что в ва́шем чемода́не?
Джон:	Ли́чные ве́щи.
Таможенник:	Нарко́тики везёте?
Джон:	Нет. Нарко́тиков нет.
Таможенник:	Лека́рства, проду́кты?
Джон:	Нет, лека́рств нет и проду́ктов то́же нет.
Таможенник:	Валю́ту везёте?
Джон:	Да, у меня́ есть до́ллары.
Таможенник:	Рубли́, е́вро?
Джон:	Нет, рубле́й нет и е́вро то́же нет.
Таможенник:	Ско́лько до́лларов везёте?
Джон:	Две ты́сячи. Я до́лжен их деклари́ровать?
Таможенник:	Нет, две ты́сячи мо́жно не деклари́ровать. Хорошо́.

(Таможенник ста́вит штамп в па́спорт Джо́на.)

Таможенник:	Сле́дующий!

Везти/возить

везти́	сейча́с, в этот моме́нт…
вози́ть	обы́чно, раз в ме́сяц…

Везти/возить

	я	ты	он/она/оно	мы	вы	они
везти́	везу́	везёшь	везёт	везём	везёте	везу́т
вози́ть	вожу́	во́зишь	во́зит	во́зим	во́зите	во́зят

Упражнение 43

Different people carry something or bring somebody by transportation. Choose the correct verb form of the **везти/возить** verb pair to complete the sentences.

везти/возить

1. Вот смотри́, е́дет грузови́к и __**везёт**__ проду́кты. 2. Я ви́жу, как мой сосе́д е́дет на мотоци́кле и _____ бра́та. Он всегда́ его _____ на мотоци́кле в шко́лу. 3. Я иду́ по у́лице и _____ ребёнка в коля́ске. 4. Когда́ я е́ду в командиро́вку в Москву́, я всегда́ _____ с собо́й большо́й жёлтый чемода́н. 5. Ба́бушка е́дет в метро́ и _____ кота́ в корзи́нке. 6. Ви́дишь те маши́ны? Они _____ ва́жный груз. 7. Ско́лько рубле́й мо́жно _____ с собо́й в ручно́й кла́ди?

Упражнение 44

Answer the following questions, as in the example.

1. Са́ша, ты уже́ сде́лал дома́шнюю рабо́ту? __**Нет, я её сейчас делаю.**__

2. Ро́берт, ты уже́ познако́мился с Ири́ной? _____

_____

3. Оля, вы прочита́ли его́ но́вую кни́гу? _____

_____

4. Серге́й Ива́нович, вы написа́ли отве́т клие́нту? _____

_____

5. Ю́ля, ты уже́ постри́гла пу́деля? _____

_____

6. Ты уже́ прочита́л моё сообще́ние? _____

_____

7. Джон, ты уже́ запо́лнил тамо́женную деклара́цию? _____

_____

8. Роди́тели, вы уже́ посмотре́ли на́ши сва́дебные фотогра́фии? _____

_____

9. Ми́ша, ты уже́ купи́л бра́ту пода́рок?_____

_____

 Упражнение 45

Ask questions about the words in bold, following the example.

1. Папа сам **себе́** пригото́вил за́втрак. __**Кому папа сам приготовил завтрак?**__

2. **Ми́ша** сам себе́ купи́л маши́ну. _____

_____

84

3. Мы **себя́** не ви́дим в зе́ркале. _____

4. Вчера́ Са́ша с Мари́ной ходи́ли **в го́сти**. _____

_____

5. В сре́ду Никола́й Ива́нович был **на рабо́те.** _____

_____

6. **В четве́рг** мы е́дем на да́чу. _____

7. Григо́рий пригласи́л Анну **на конце́рт**. _____

_____

8. Я прочита́л **очень интере́сную** кни́гу. _____

9. Сейча́с Джон нахо́дится в **моско́вском** аэропорту́ Шереме́тьево-2. _____

_____

10. Моя́ жена́ купи́ла **себе́** но́вое пла́тье. _____

_____

Урок 10

Кто на кого смотрит?

– На кого́ смо́трит молодо́й челове́к?

– Молодо́й челове́к смо́трит на краси́вую де́вушку.

– На кого́ смо́трит девушка?

– Де́вушка смо́трит на молодо́го челове́ка.

Ого/его

известный артист		изве́стного арти́ста
мла́дший брат	Я ви́жу	мла́дш**его** бра́та
гла́вный нача́льник		гла́вного нача́льника
хоро́ший учитель		хоро́шего учи́теля

 Упражнение 46

Complete the following sentences by putting words in parentheses into the correct form.

1. Анто́н Серге́евич встреча́ет (ва́жный гость). **важного** **гостя** .
Сего́дня к нам на переда́чу мы пригласи́ли (изве́стный спортсме́н)
_____ _____ . 3. Вчера́ в ци́рке де́ти ви́дели (смешно́й
си́ний кло́ун) _____ _____ _____ . 4. Малыш

86

смотрит на (пуши́стый ры́жий кот) _____ _____

_____ . 5. Я всегда́ хоте́ла име́ть (ста́рший брат) _____ .

6. У меня́ кран не рабо́тает. Ты зна́ешь (хоро́ший сле́сарь) _____

_____ . 7. Аня целу́ет (ма́ленький ма́льчик) _____

_____ . 8. Продаве́ц до́лжен встреча́ть (ка́ждый клие́нт) _____

_____ с улы́бкой.

Свой

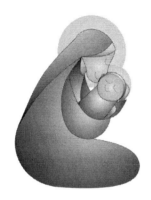 

Ка́ждый роди́тель лю́бит своего́ ребёнка.

Он лю́бит	(моя́ сестра́)	мою́ сестру́
	(его́ сестра́)	свою́ сестру́
Мы лю́бим	(ваш брат)	ва́шего бра́та
	(наш брат)	своего́ бра́та
Я ви́жу	(их оте́ц)	их отца́
	(мой оте́ц)	своего́ отца́

Упражнение 47

Create sentences with the words given, using the reflexive Possessive Pronoun **свой.**

1. Ю́рий обожа́ет (мла́дшая сестра́).   **Юрий обожает свою младшую сестру.**

2. Я по́мню (пе́рвый учи́тель) . _____

_____

3. Никола́й Никола́евич зна́ет (ста́рая ма́шина). _____

_____

4. И́горь пришёл на вечери́нку в рестора́н (жена́ Ольга). _____

_____

5. Мари́я Ива́новна поздравляет с днём рожде́ния (подру́га). _____

_____

6. Я иду́ домо́й и вижу́ (но́вый сосе́д). _____

_____

7. Ю́лия уже́ 5 мину́т и́щет моби́льный телефо́н в (но́вая су́мка). ___

_____

8. Андре́й всё вре́мя говори́т о (но́вый прое́кт) . _____

_____

9. Ме́неджер зна́ет (ста́рый клие́нт) _____

_____

10. Сын в пе́рвый раз ви́дит в фо́рме пило́та (оте́ц). _____

_____

11. Макс говори́т по телефо́ну (ста́рший брат) _____

_____

Общественный транспорт

В ка́ждом го́роде Росси́и есть обще́ственный тра́нспорт: трамва́й, тролле́йбус, авто́бус, метро́, маршру́тное такси́. Обы́чно движе́ние тра́нспорта начина́ется где́-то в 5:30 утра́ и конча́ется в час но́чи. Большинство́ люде́й испо́льзуют обще́ственный тра́нспорт, что́бы е́хать на рабо́ту, в го́сти, в кино́, в теа́тр или про́сто погуля́ть.

Сейча́с мно́гие се́мьи име́ют со́бственные маши́ны и мо́гут е́здить на них на рабо́ту. Но о́чень ча́сто они та́кже испо́льзуют обще́ственный тра́нспорт, потому́ что э́то деше́вле, а иногда́ и быстре́е.

Обще́ственный тра́нспорт в Росси́и о́чень популя́рен. Обы́чно люде́й в тра́нспорте о́чень мно́го, и поэ́тому мно́гие лю́ди всю доро́гу стоя́т в тра́нспорте. Э́то но́рма.

В ка́ждом го́роде свой тари́фы на прое́зд в обще́ственном тра́нспорте. Биле́т мо́жно купи́ть в кио́ске на остано́вке или в тра́нспорте у води́теля или конду́ктора. В метро́ ну́жно покупа́ть жето́ны, кото́рые продаю́тся в вестибю́ле на ка́ждой ста́нции метро́.

Есть и други́е фо́рмы опла́ты прое́зда, наприме́р, проездно́й биле́т. Его́ то́же мо́жно купи́ть в кио́ске на остано́вке. Есть проездны́е на ме́сяц, на кварта́л, на год на де́сять, на пятна́дцать дней. Проездны́е биле́ты обы́чно покупа́ют лю́ди, кото́рые е́здят ка́ждый день, и кото́рые испо́льзуют ра́зные ви́ды тра́нспорта.

В обще́ственном тра́нспорте существу́ет це́лая систе́ма льгот. Беспла́тно мо́гут е́здить пенсионе́ры, шко́льники и не́которые други́е катего́рии люде́й. Проездны́е биле́ты для студе́нтов стоя́т деше́вле.

Что обычно говорят в транспорте

Макси́м сейча́с е́дет на авто́бусе в университе́т. Он до́лжен заплати́ть за прое́зд. Макси́м сиди́т далеко́ от води́теля, поэ́тому он про́сит друго́го пассажи́ра переда́ть де́ньги.

Макси́м: Переда́йте, пожалуйста, на биле́т.

Пассажи́р: Вам оди́н?

Макси́м: Да.

Че́рез две мину́ты пассажи́р передаёт Макси́му сда́чу:

Пассажир: Пожалуйста, ва́ша сда́ча.

Макси́м: Спаси́бо.

Же́нщина хо́чет вы́йти на сле́дующей остано́вке. Она тро́гает за плечо́ высо́кого мужчи́ну, кото́рый стои́т пе́ред ней.

Женщина: Мужчи́на, вы на сле́дующей остано́вке выхо́дите?

Мужчина: Да, выхожу́.

Потому что/поэтому

Ба́бочки лета́ют над цвета́ми, **потому́ что** они лю́бят цветы́.
Ба́бочки лю́бят цветы́, **поэ́тому** они лета́ют над цвета́ми.

 Упражнение 48

Complete the sentences by inserting the proper conjunctions: **потому что** or **поэтому.**

потому что/поэтому

1. Мы не ходи́ли на пикни́к, __**потому что**__ шёл дождь. 2. Ма́ма пришла́ с рабо́ты 5 мину́т наза́д, _____ она не пригото́вила обе́д. 3. Илья́ пло́хо написа́л дикта́нт, _____ что он не вы́учил слова́. 4. Ви́ктор Серге́евич ещё не пообе́дал, _____ он был о́чень за́нят. 5. Влади́мир не запо́лнил свою тамо́женную деклара́цию в самолёте, _____ он её сейча́с заполня́ет. 6. Григо́рий подари́л Анне цветы́, _____ сего́дня её день рожде́ния. 7. Никола́й Никола́евич всегда́ е́здит на свое́й маши́не, _____ он не лю́бит обще́ственный тра́нспорт. 8. В авто́бусе бы́ло мно́го люде́й, _____ Ири́на стоя́ла всю доро́гу. 9. Алексе́й всегда́ покупа́ет себе проездно́й биле́т, _____ это деше́вле. 10. Макси́м хо́чет заплати́ть за прое́зд, _____ он про́сит друго́го пассажи́ра переда́ть де́ньги.

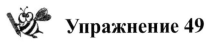 **Упражнение 49**

Ask questions about the words in bold, following the example.

1. Я ви́жу **того́ ма́ленького ма́льчика**. _____**Кого я вижу?**_____

2. Ни́на стрижёт **своего́ пу́деля** сама́. _____

3. Наш папа не лю́бит **зелёный сала́т**. _____

4. Менеджер хо́чет нам показа́ть **своего́ лу́чшего рабо́тника**. _____

_____

5. Мария Ива́новна помнит **своего́ ка́ждого ученика́**. _____

_____

6. Ка́тя не по́мнит **но́мер авто́буса.** _____

7. Ты не понима́ешь **своего́ нача́льника.** _____

8. Большинство́ люде́й испо́льзуют **обще́ственный тра́нспорт.** _____

_____

9. Макси́м купи́л себе́ **проездно́й биле́т на ме́сяц.** _____

_____

10. Андре́й Бори́сович не ви́дел **своего́ бра́та** 2 го́да. _____

_____

Урок 11

Внешность

– У Семёна дли́нное лицо́, све́тлые во́лосы, се́рые глаза́, дли́нный нос, то́нкие гу́бы и больши́е у́ши.

– А у Семёна дли́нные или коро́ткие во́лосы?

– У Семёна коро́ткие све́тлые во́лосы.

– Како́й у Семёна нос: у́зкий или широ́кий?

– У него́ у́зкий нос.

– Како́е у Алекса́ндра лицо́?

– У Алекса́ндра кру́глое лицо́.

– Каки́е у него́ глаза́?

– У него́ тёмно-си́ние глаза́.

– Каки́е у него́ во́лосы?

– У него́ кудря́вые ры́жие во́лосы.

– Како́й у него́ нос?

– У него́ широ́кий мяси́стый нос.

– Каки́е у Алекса́ндра гу́бы?

– У Алекса́ндра по́лные гу́бы.

– Каки́е у Алекса́ндра у́ши?

– У Алекса́ндра у́ши ма́ленькие.

Какой? Какая? Какое? Какие?

же́нщина	стро́йная , краси́вая, симпати́чная, прия́тная, по́лная, элега́нтная;
мужчи́на	кре́пкий, худоща́вый, краси́вый, прия́тный, высо́кий, невысо́кий;
лицо́	ова́льное, кру́глое, квадра́тное, дли́нное;
глаза́	ка́рие, зелёные, се́рые, голубы́е, чёрные, си́ние, больши́е, ма́ленькие, я́ркие;
нос	прямо́й, курно́сый, орли́ный, мяси́стый, широ́кий, у́зкий;
гу́бы	то́нкие, пу́хлые, по́лные;
во́лосы	густы́е, прямы́е, вью́щиеся, кудря́вые, све́тлые, тёмные, ру́сые, ры́жие, кашта́новые, чёрные, седы́е;
у́ши	больши́е, ма́ленькие

Коллеги

Екатери́на и Никола́й – колле́ги. Они рабо́тают в небольшо́й рекла́мной компа́нии. Екатери́на – молода́я стро́йная де́вушка. У неё коро́ткие ру́сые во́лосы, ма́ленький прямо́й нос и я́ркие голубы́е глаза́. Екатери́на рабо́тает ме́неджером.

Никола́й – невысо́кий кре́пкий молодо́й челове́к. У него́ дли́нные тёмные во́лосы, большо́й нос и больши́е ка́рие глаза́. Никола́й говори́т, что у него́ орли́ный нос, потому́ что он похо́ж на своего́ де́душку-грузи́на. Никола́й рабо́тает диза́йнером.

Пообедаем вместе

Никола́й:	Катю́ша, приве́т!
Екатери́на:	До́брое у́тро, Ко́ля! Как дела́?
Никола́й:	Да всё хорошо́. У́тром немно́го опозда́л на рабо́ту. Про́бки! Ты что сего́дня де́лаешь в обе́денный переры́в?
Екатерина:	Сего́дня сто́лько рабо́ты! Не зна́ю, бу́дет ли у меня́ вре́мя пообе́дать.
Никола́й:	Пра́вда? А я ду́мал, что мы вме́сте пообе́даем. Ты слы́шала о но́вом кафе́? Оно́ откры́лось на про́шлой неде́ле. Называ́ется «Дома́шняя еда́». Оно́ нахо́дится на сосе́дней у́лице. Всего́ пять мину́т пешко́м!
Екатерина:	Ой, Ко́ля, я не зна́ю. Я в обе́д бу́ду на встре́че с клие́нтом. У меня́ с ним встре́ча в час. И в кафе́ я о́чень хочу́ сходи́ть. Моя́ подру́га то́же говори́ла, что там о́чень вку́сно гото́вят и недо́рого. Я сейча́с позвоню́ своему́ клие́нту и попро́бую перенести́ встре́чу на друго́е вре́мя.
Никола́й:	Отли́чно! Но, е́сли ты не смо́жешь перенести́ свою́ встре́чу, то я куплю́ тебе́ обе́д и принесу́ его́ пря́мо в о́фис.
Екатерина:	Ко́ля, ты настоя́щий друг! Спаси́бо.
Никола́й:	Я зна́ю, что я хоро́ший. Но ты, е́сли бу́дешь рабо́тать 8 часо́в в день, то ста́нешь нача́льником и бу́дешь рабо́тать 12 часо́в в день!
Екатерина:	Ха-ха-ха! Да, так и бу́дет.
Никола́й:	Позвони́ мне, е́сли смо́жешь перенести́ встре́чу.
Екатерина:	Хорошо́, я сейча́с позвоню́ клие́нту, а пото́м позвоню́ тебе́.
Никола́й:	Хорошо́, я бу́ду ждать твоего́ звонка́. Пока́!
Екатерина:	Пока́!

Упражнение 50

Label the picture, using the words from the box. Consult the dictionary when necessary.

| голова́ ше́я нос глаз рот во́лосы рука́ нога́ па́лец па́лец
кисть живо́т грудь плечо́ |

Собака похожа на своего хозяина

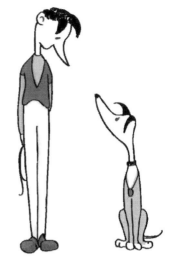

– На кого́ похо́жа соба́ка?

– Соба́ка похо́жа на своего́ хозя́ина.

У неё тако́й же дли́нный нос

и таки́е же дли́нные но́ги.

Дочь похо́жа на свою́ мать.

У неё таки́е же све́тлые во́лосы,

тако́й же курно́сый нос

и така́я же похо́дка.

Упражне́ние 51

Create sentences describing who takes after whom.

Образец: **1. Я похож на вас.**

1. я (мужчи́на) ⟶ 2. вы ⟶ 3. она ⟶ 4. он ⟶ 5. мы ⟶ 6. они ⟶

7. Еле́на Бори́совна ⟶ 8. Влади́мир ⟶ 9. Михаи́л Никола́евич ⟶

10. Людми́ла ⟶ 11. ты (де́вушка) ⟶ 12. брат ⟶ 13. я (же́нщина) ⟶

14. сын ⟶ 15. ба́бушка ⟶ 16. де́душка ⟶ 17. внук ⟶ 18. ма́ма.

Завтра я пойду в театр

– Света, куда́ ты сейча́с идёшь?

– Я иду́ домо́й.

– Куда́ ты завтра пойдёшь?

– Завтра я пойду́ в теа́тр.

 Упражнение 52

Different people are doing something at the moment. Rephrase the sentences to describe what they will do tomorrow. For the Perfective form of a verb check the table on the RussianStepByStep.com website.

1. Мари́на с Са́шей сейча́с иду́т в рестора́н. **Завтра Марина с Сашей пойдут в**

ресторан. _____

2. Нина сейчас стрижёт своего́ пу́деля. _____

_____

3. Ми́ша сейчас смо́трит интере́сный францу́зский фильм. _____

_____

4. Мы сейчас е́дем в аэропо́рт на такси́. _____

_____

5. Куда́ вы сейчас идёте? _____

6. Игорь сейчас покупа́ет себе́ но́вый компью́тер. _____

_____

7. Студе́нты сейчас у́чат но́вые слова́. _____

_____

8. Оля сейчас пи́шет письмо́ Мари́не. _____ .

_____

9. Ба́бушка сейчас гото́вит у́жин. _____

_____

Упражнение 53

Different people are doing something at the moment or will do something some other time. Complete the sentences by choosing the correct form of the verb.

1. Обы́чно Та́ня **покупает** себе́ оде́жду сама.   покупа́ть, купи́ть

2. Мой нача́льник сказа́л, что за́втра _____   идти́, прийти́
   на рабо́ту в 10 часо́в.

3. Я обеща́ю, что _____ ва́шу статью́   чита́ть, прочита́ть
   послезавтра.

4. Куда́ э́то на́ши сосе́ди _____ таки́е
   наря́дные?   идти́, пойти́

5. Оле́г _____ письмо́ за́втра.   писа́ть, написа́ть

6. Ле́ночка сейча́с _____ моро́женое.   есть, съесть

7. Мы _____ вашу квартиру на следующей
   неделе.   смотре́ть, посмотре́ть

8. Куда вы _____ вечером? идти́, пойти́

9. Ни́на _____ ва́шего пу́деля послеза́втра. стричь, постри́чь

Урок 12

Откуда он?

– Это Аки́то Тана́ка.

– Отку́да он?

– Он из Япо́нии.

– Из како́го го́рода Аки́то Тана́ка?

– Аки́то Тана́ка из То́кио.

 Упражнение 54

Create short dialogues, following the example.

1. Ли́нда Уо́рнер/А́нглия/Ло́ндон   **Это Линда Уорнер. Откуда она? Она из Англии. Из какого она города ? Она из Лондона.**

2. Ива́н Хо́лодов/Росси́я/Москва́ _____

_____

3. Майк Джо́нсон/Аме́рика/Вашингто́н _____

_____

4. Луча́но Доно́ла/Ита́лия/Рим _____

_____

_____

5. Минь Минь Хо (женщина)/Кита́й/Пеки́н _____

_____

_____

6. Франсуа́ Легра́н/Кана́да/Монреа́ль _____

_____

_____

7. Миге́ль Ло́рка/Испа́ния/Мадри́д _____

_____

_____

8. Пе́дро Мендо́за/Ме́ксика/Ме́хико _____

_____

_____

9. Ганс Крю́гер/Герма́ния/Берли́н _____

_____

_____

10. Анто́н Бо́тев/Болга́рия/Софи́я _____

_____

11. Клеопа́тра А́ббас /Еги́пет/Каи́р _____

_____

12. Ка́рлос Марадо́на /Аргенти́на/Бу́энос-А́йрес _____

_____

У Лизы нет старшей сестры

У Ли́зы нет ста́ршей сестры́, а у Тама́ры нет мла́дшей сестры́.

 Упражнение 55

Answer the questions, following the example.

1. В кране есть горячая вода?   **Нет, в кране нет горячей воды.**

2. У Максима есть новая японская машина? _____

_____

3. У Игоря и Ольги есть большая рыжая собака? _____

_____

4. Рядом с домом есть детская площадка? _____

_____

5. У Евгения Николаевича есть туристическая компания? _____

_____

6. Здесь есть автобусная станция? _____

_____

7. У Виктории есть хорошая подруга? _____

_____

8. На столе есть хрустальная ваза? _____

_____

9. В этом районе есть мобильная связь? _____

_____

Ого/его, ой/ей

☺ ☀	большо́й хороший го́род	из с (о) до	**из** больш**о́го** хоро́ш**его** го́род**а**
	ма́ленькое ую́тное кафе́		малень**кого** ую́т**ного** кафе
	си́нее мо́ре		си́**него** мо́ря
☺	больша́я хоро́шая компа́ния		**из** больш**о́й** хоро́шей компа́**нии**
☺ ☀	второ́й путь		**со** втор**о́го** пут**и́**
	тре́тий путь		**с** тре́ть**его** пут**и́**
☺	тре́тья платфо́рма		**до** тре́тьей платфо́р**мы**

104

Предлоги с, из

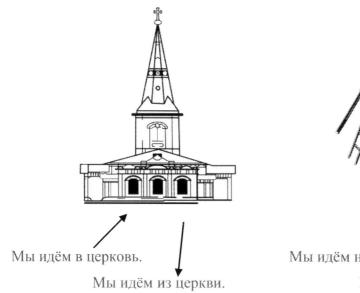

Мы идём в церковь.

Мы идём из церкви.

Мы идём на детскую площадку.

Мы идём с детской площадки.

 ## Упражнение 56

Different people are going to different places. Rephrase the sentences describing those people going from the places, as in the example.

1. Мы идём на концéрт класси́ческой му́зыки. **Мы идём с концерта классической музыки.**

2. Эта семья́ е́дет на Чёрное мо́ре. _____

_____

3. Мы идём на междунаро́дную вы́ставку. _____

_____

4. Де́ти иду́т в ку́кольный теа́тр. _____

_____

5. Арти́сты иду́т на генера́льную репети́цию. _____

6. Ты е́дешь в о́перный теа́тр. _____

_____

7. Они́ е́дут в большо́й го́род. _____

_____

🐝 Упражне́ние 57

Complete the sentences by putting words in parenthesis into the correct form, following the example.

1. Ле́на лю́бит пить ко́фе из **маленькой** **синей** **чашки** (ма́ленькая си́няя ча́шка), а Ди́ма из _____ _____ _____ (больша́я бе́лая ча́шка). 2. В э́той ко́мнате нет _____ _____ _____ (большо́й пи́сьменный стол). 3. Ско́лько идти́ от метро́ до _____ _____ (о́перный теа́тр)? 4. Наш по́езд отправля́ется с _____ _____ (пе́рвая платфо́рма). 5. Я не ви́дел _____ _____ (ста́рший брат) уже́ 2 ме́сяца. 6. Ива́н-дура́к – геро́й _____ _____ _____ (ру́сская наро́дная ска́зка). 7. Ма́ша не хоте́ла идти́ на вечери́нку без _____ _____ (люби́мая подру́га). 8. «Война́ и мир» - э́то рома́н _____ _____ _____ _____ _____ _____ (вели́кий ру́сский писа́тель Лев Никола́евич Толсто́й) 9. Ме́неджер обеща́л поговори́ть о на́шем но́вом прое́кте в сле́дующую пя́тницу. Тепе́рь мы должны́ ждать до _____ _____ (сле́дующая пя́тница). 10. Пассажи́ры ви́дят из окна́ авто́буса огни́ _____ _____ (большо́й го́род). 11. Сего́дня у́тром Ива́н Ива́нович разгова́ривал по телефо́ну с журнали́стом _____ _____ _____ (одна́ изве́стная газе́та). 12. Никола́й

Никола́евич никогда́ не е́здит в командиро́вку без _____ _____ (персона́льный компью́тер).

У кассы

Никола́й Никола́евич е́дет в командиро́вку в Москву́. Сего́дня четверг, а за́втра пя́тница. Никола́й Никола́евич до́лжен быть в Москве́ в понеде́льник, но он реши́л прие́хать в Москву́ на два дня ра́ньше.

Ста́рший брат Никола́я Никола́евича, Семён Никола́евич, живёт в Москве́, и Никола́й Никола́евич давно́ его́ не ви́дел. Обы́чно он е́здит в Москву́ на по́езде.

Никола́й Никола́евич сейча́с стои́т у око́шка биле́тной ка́ссы. Он хо́чет купи́ть биле́т в Москву́.

Билет до Москвы

Никола́й Никола́евич:	Мне, пожалуйста, оди́н биле́т на за́втра до Москвы́.
Касси́р:	Купе́ или плацка́рт?
Никола́й Николаевич:	Купе́.
Касси́р:	Одно́ купе́йное ме́сто на восьмо́е а́вгуста. Ме́сто тре́тье, ни́жнее. Обра́тно на како́е число́?
Никола́й Никола́евич:	На трина́дцатое.
Касси́р:	На трина́дцатое а́вгуста одно́ купейное. На трина́дцатое а́вгуста, ме́сто два́дцать шесто́е, ве́рхнее.
Никола́й Никола́евич:	Хорошо́.
Касси́р:	Одно́ купе́йное на восьмо́е а́вгуста до Москвы́. Обра́тно на трина́дцатое а́вгуста. 2945 рубле́й.

Никола́й Николаевич даёт де́ньги касси́ру.

| Никола́й Николаевич: | Пожалуйста. |

Упражнение 58

Answer the questions about Nikolay Nikolayevich.

1. Куда́ Никола́й Никола́евич е́дет в командиро́вку? <u>**Николай Николаевич едет**</u>
<u>**в командировку в Москву.**</u>

2. Како́й сего́дня день неде́ли? _____

3. Когда́ он реши́л прие́хать в Москву́? _____

4. Кто живёт в Москве́? _____

_____

5. Почему Николай Николаевич решил приехать в Москву на два дня раньше? _____

_____

_____

6. Как обы́чно Николай Николаевич е́здит в Москву́? _____

_____

7. Где сейча́с стои́т Николай Николаевич? _____

_____

8. Что он хо́чет купи́ть? _____

9. Он хо́чет купи́ть купе́ или плацка́рт? _____

10. На како́е число́ он хо́чет купи́ть биле́т в Москву́? _____

_____

11. На како́е число́ он хо́чет купи́ть обра́тный биле́т? _____

_____

12. Сколько сто́ят биле́ты? _____

_____

Упражнение 59

Look at the train schedule from the Kurskiy railway station in Moscow and create pairs of sentences about departure from Moscow and arrival to the final destination, following the example.

Образец: **1. Поезд № 286 Москва — Мурманск отправляется из Москвы в 7:17 со второго пути.**

Поезд № 286 Москва — Мурманск прибывает в Мурманск в 5:25.

Расписание поездов с Курского вокзала в Москве

	№	Пункт назначения	Отправление	Прибытие	Путь
1.	286	Мурманск	7:17	05:25	2
2.	079	Волгоград	08:53	11:42	8
3.	105	Курск	11:20	20:13	5
4.	111	Севастополь	15:00	17:10	10
5.	099	Санкт-Петербург	15:19	23:23	1
6.	116	Владимир	18:04	20:32	4
7.	048	Омск	19:00	09:38	9
8.	125	Нижний Новгород	23:20	17:20	6

Упражнение 60

Look at the train schedule from the Kurskiy railway station in Moscow and create short dialogues, as in the example.

Образец: **1. Из какого города отправляется поезд №286?**

Поезд №286 отправляется из Москвы.

До какого города едет поезд №286?

Поезд №286 едет до Мурманска.

 **Упражнение 61**

Create sentences as in the example with each day of the week.

1. понеде́льник _____ **Пока, до понедельника!** _____

2. вто́рник _____

3. среда́ _____

4. четве́рг _____

5. пя́тница _____

6. суббо́та _____

7. воскресе́нье _____

Урок 13

По

Людмила вста́ла в 9 часо́в,

пото́м **по**чита́ла кни́гу,

пото́м **по**за́втракала,

пото́м **по**смотре́ла телеви́зор,

пото́м **по**шла́ на йо́гу.

 ## Упражне́ние 62

Complete the sentences using the correct form of the verb. Keep in mind that you should use Perfective form of the verb, when one action happened after another had been completed.

1. В пя́тницу Оле́г с И́горем ___**работали**___ (рабо́тать/порабо́тать)   над прое́ктом це́лый день. 2. Вчера́ у́тром Семён _____ (звони́ть/позвони́ть) бра́ту, а пото́м ве́чером пое́хал на вокза́л его́ встреча́ть.   3. О́льга вста́ла в 7 часо́в, _____ (за́втракать/поза́втракать)   и пое́хала в аэропо́рт.   4. Когда́ Ири́на пришла́ домо́й, Ви́ктор Серге́евич _____ (говори́ть/поговори́ть) по телефо́ну. 5. Ви́ктор Серге́евич _____ (говори́ть/поговори́ть)   по телефо́ну, а пото́м пошёл у́жинать. 6. Я (мужчи́на) вчера́ _____ (звони́ть/позвони́ть) тебе́ не́сколько раз.   7. В воскресе́нье у́тром мы немно́жко _____ (рабо́тать/порабо́тать), а пото́м пошли́ в парк. 8. Макси́м пришёл в о́фис в 9 часо́в, _____ (чита́ть/почита́ть) электро́нную по́чту, _____ (говори́ть/поговори́ть) с И́горем об их но́вом прое́кте, а пото́м _____ (звони́ть/позвони́ть) мне.

Сиде́ть, сади́ться/сесть

Эта де́вушка сади́тся в авто́бус.

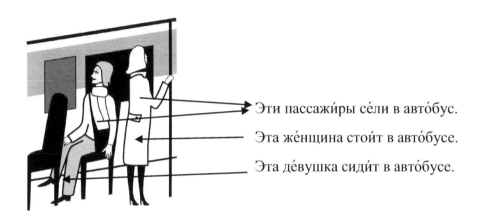

Эти пассажи́ры се́ли в авто́бус.

Эта же́нщина стои́т в авто́бусе.

Эта де́вушка сиди́т в авто́бусе.

Сиде́ть, сади́ться/сесть

	я	ты	он/она/оно	вы	они
сиде́ть	сижу́	сиди́шь	сиди́т	сиди́те	сидя́т
сади́ться	сажу́сь	сади́шься	сади́тся	сади́тесь	садя́тся
сесть	ся́ду	ся́дешь	ся́дет	ся́дете	ся́дут

 ## Упражнение 63

In this exercise someone is taking a seat or boarding a vehicle. Rephrase the sentences, describing a completed action as in the example.

1. Мы сейча́с сади́мся в авто́бус. **Мы сели в автобус.**

2. Семён Семёнович сади́тся в тролле́йбус. _____

_____

3. Кто э́то там сади́тся в маши́ну? _____

4. Они садя́тся в трамва́й на э́той остано́вке. _____

_____

5. Куда́ ты (ма́льчик) сади́шься? Э́то не на́ши места́. _____

_____

6. Вы сади́тесь у окна́? _____

7. Алло́, мы сади́мся в самолёт, и я не могу́ бо́льше разгова́ривать по телефо́ну. _____

_____

_____

Упражнение 64

Rephrase the sentences, describing a future action following the example.

1. Мы сейча́с сади́мся в авто́бус. **Завтра мы сядем в автобус.**

2. Пётр, как обы́чно, пришёл и сел на стул. _____

_____

3. Ты сади́шься ря́дом со мной. _____

114

4. Вы сади́тесь вот здесь, спра́ва. _____

_____

5. На́ши друзья́ се́ли на по́езд и пое́хали в Москву́. _____

_____

6. Ю́ля сади́тся у окна́. _____

7. Пассажи́ры садя́тся в самолёт. _____

_____

8. Ка́ждый день в 8 часо́в я сажу́сь на метро́ и е́ду на рабо́ту. _____

_____

9. Мы се́ли в троллейбус и пое́хали на вокза́л. _____

_____

Упражнение 65

Ask questions about the words in bold.

куда /где

1. Мари́на с Са́шей сейча́с сидя́т в **авто́бусе**. **Где сейча́с сидя́т Мари́на с Са́шей?**

2. Мне сади́ться **на э́тот стул**? _____

_____

3. Юля лю́бит сиде́ть **до́ма**, когда́ за окно́м идёт дождь. _____

_____

4. На́ши друзья́ сидя́т **во второ́м ряду́**. _____

_____

5. За́втра мы ся́дем **на по́езд** и по́едем в Москву́. _____

_____

6. Вы ся́дете **у окна́**. _____

7. Пассажи́ры садя́тся **в самолёт**. _____

_____

8. Оле́г сиде́л **в кафе́** и ждал Ната́шу. _____

_____

9. Я сажу́сь **за роя́ль** и начина́ю игра́ть. _____

_____

10. Мы сиди́м **в теа́тре** и смо́трим спекта́кль. _____

_____

11. Ма́льчик сел **на велосипе́д** и пое́хал в парк. _____

_____

Командировка

Сегодня пя́тница, за́втра суббо́та – выходно́й день. Никола́й Никола́евич пришёл домой в 7 часов, потом поу́жинал. Пото́м он заказа́л такси́ по телефо́ну.

Когда́ он у́жинал, позвони́л его́ брат. Семён Никола́евич обеща́л встре́тить бра́та на вокза́ле, и поэ́тому он хоте́л знать но́мер ваго́на и но́мер по́езда.

В 7:30 прие́хало такси́. Никола́й Никола́евич сел в такси́ и пое́хал на вокза́л.

Когда́ он е́хал в такси́, он ви́дел ава́рию: столкну́лись две маши́ны. Образова́лась про́бка. Никола́й Никола́евич боя́лся опозда́ть на по́езд.

В 8:00 он прие́хал на вокза́л. Его́ по́езд уже́ был на платфо́рме. Никола́й Никола́евич сел в по́езд и пое́хал в Москву́.

До встречи!

Семён Николаевич звонит брату.

Семён Николаевич: Ко́ля, приве́т, э́то я.

Николай Николаевич: Приве́т, Сёма.

Семён Николаевич: Ты биле́т уже́ купи́л?

Николай Николаевич: Купи́л, купи́л, ещё вчера́.

Семён Николаевич: Како́й по́езд?

Николай Николаевич: По́езд «Солове́й» но́мер 1064 Курск — Москва́.

Семён Николаевич: А како́й ваго́н?

Николай Николаевич: Седьмо́й. Я бу́ду в Москве́ в 17:10.

Семён Николаевич: Так, седьмо́й ваго́н. Отли́чно! Я бу́ду ждать тебя́ на
                       платфо́рме, брати́шка.

Николай Николаевич: До встре́чи!

Семён Николаевич: До встре́чи!

 ## Упражнение 66

Fill in the blanks by choosing the correct form of the verb **сиде́ть/сади́ться /сесть**. Keep
in mind that you should use Perfective form when the action is complete.

сиде́ть, сади́ться/сесть

1. Ни́на сейча́с ___**сиди́т**___ на сту́ле у окна́.   2. Смотри́, кто э́то там
_____ во второ́м ряду́?   3. Куда́ ты _____? Э́то не на́ши
места́.   4. Де́ти _____ пе́ред телеви́зором и на́чали смотре́ть
мульфи́льмы. 5. Ка́ждое у́тро мы _____ на авто́бус и е́дем на рабо́ту.

6. Мы сейча́с _____ в авто́бусе. 7. Алло, Света, ты уже́ _____ в самолёт? Нет, я ещё не _____, я сейча́с _____. 8. Мой сын _____ у компью́тера уже́ 4 часа. 9. Ви́ктор пришёл в кафе́, _____ за сто́лик и заказа́л пи́ццу. 10. Ирочка, ты не _____ на этот стул! Лу́чше _____ на дива́н.

Урок 14

Детали нового проекта

Пётр Сергеевич работает над деталями своего нового проекта.

Ого/его

Какой? Который?	этот/тот врач	Какого? Которого?	этого/того врача
Какое? Которое?	это/то решение		этого/того решения
Чей?	мой/твой/свой/ваш/ наш начальник	Чьего?	моего/твоего/своего вашего/нашего начальника
	его/ её/их шофёр		его/её/их шофёра
Чьё?	моё/твоё/своё/ваше/ наше мнение		моего/твоего/своего, вашего/нашего мнения
	его, её, их дело		его/ её/их дела

Ой/ей

Кака́я? Кото́рая?	эта/та пробле́ма	Како́й? Кото́рой?	этой/той пробле́мы
Чья?	моя́/твоя́/своя́/ва́ша/ на́ша пе́нсия	Чьей?	мое́й/твое́й/свое́й/ва́шей/ на́шей пе́нсии
	его/её/их подру́га		его/её/их подру́ги

Упражнение 67

Complete the following sentences putting the words in parenthesis into the correct form.

1. Она знает __**твоего**__ __**брата**__ (твой брат)? 2. Мы не могли начать собрание без _____ _____ (наш менеджер). 3. У _____ _____ (то здание) такаяя высокая крыша! 4. Отец не хотел слышать _____ _____ (моё мнение). 5. В моём списке нет _____ _____ (этот человек). 6. Это окна _____ _____ (чья квартира): _____ (ваша) или _____ (наша)? 7. Леонид работает в фирме _____ _____ (свой отец). 8. Татьяна – очень сильный игрок _____ _____ (ваша команда). 9. Девочка надела туфли _____ _____ (своя мама). 10. Не садись на это место – это место _____ _____ (наш папа). 11. Из _____ (который подъезд) вышел Сергей: из _____ (тот) или из _____ (этот)? 12. Сколько нам ехать до ____ _____ (их дом): 2 или 3 часа?

Идти / входить / войти

Де́вушка идёт в сто́рону авто́буса.

Де́вушка вхо́дит в авто́бус.

Девушка ещё не вошла́ в авто́бус.

Она вхо́дит в него.

Де́вушка вошла́ в авто́бус.

Девушка стои́т в автобусе.

![bee] **Упражнение 68**

Different people are moving towards different places. Rephrase the following sentences, describing where they have arrived (the completed action).

1. Ольга идёт в сто́рону того бе́лого до́ма. __**Ольга вошла в тот белый**__
__**дом.**__

2. Михаи́л идёт в сто́рону тёмного гаража́. _____

_____

3. Сейча́с ро́вно 9 часо́в, и Оле́г идёт в сто́рону но́вого о́фиса. _____

_____

4. Они́ иду́т в сто́рону италья́нского рестора́на. _____

_____

5. Вы идёте в сто́рону ма́ленького зелёного па́рка. _____

_____

6. Друзья́ иду́т в сто́рону второ́й аудито́рии. _____ _____

_____

7. Ты (де́вушка) идёшь в сто́рону краси́вого се́рого зда́ния. _____

_____

8. Бори́с Ива́нович Ло́бов идёт в сто́рону своего́ самолёта. _____

_____

9. Еле́на идёт в сто́рону небольшо́го ую́тного кафе́. _____

_____

10. Де́ти иду́т в сто́рону жёлтого шко́льного авто́буса. _____

_____

В/ вы/ при

сейча́с, в э́тот моме́нт	за́втра, вчера́
входи́ть	войти́
приходи́ть	прийти́
въезжа́ть	въе́хать
приезжа́ть	прие́хать

Выходить / выйти

Молодо́й челове́к выхо́дит из тролле́йбуса.

Он ещё не вы́шел из него́.

Молодо́й челове́к вы́шел из тролле́йбуса.

Он сейча́с стои́т ря́дом с ним.

В/ вы/ при

сейчас, в этот момент	завтра, вчера
выходи́ть	вы́йти
выезжа́ть	вы́ехать

 Упражнение 69

Create pairs of questions and answers for the sentences from exercise 68, changing the direction of movement, as in the example. Keep in mind that you use the Genitive Case when talking about movement out of a place.

1. __Ольга уже вышла из того белого дома? Нет, она сейчас из него выходит.__

2._____

3. _____

_____

4. _____

_____

5. _____

_____

6. _____

_____

7. _____

_____

_____

8. _____

_____

9. _____

_____

10. _____

_____

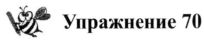 **Упражнение 70**

Complete the following sentences by choosing the proper verb in parenthesis and putting it into the correct form.

1. Обы́чно И́горь __**выхо́дит**__ из до́ма в 7:30, а сего́дня __**вы́шел**__ в 6:30 (выходи́ть/вы́йти). 2. Обы́чно О́льга _____ на рабо́ту в 9 часо́в, но сего́дня она́ _____ на рабо́ту в 10 часо́в (приходи́ть/ прийти́). 3. Обы́чно мы _____ на да́чу у́тром, но сего́дня мы _____ днём (приезжа́ть/прие́хать). 4. Обы́чно на́ши ме́неджеры _____ на собра́ние, но сего́дня они́ не _____ (приходи́ть/прийти́). 5. Обы́чно они́ _____ на парко́вку в 7:45, а сего́дня они́ _____ на парко́вку в 7:55 (въезжа́ть/въе́хать). 6. Обы́чно я _____ из гаража́ пе́рвый, но сего́дня моя́ жена́ _____ из гаража́ пе́рвая (выезжа́ть/вы́ехать). 7. Обы́чно мой брат с жено́й _____ в го́сти ле́том, но в э́том году́ они́ не _____ (приезжа́ть/прие́хать). 8. Оле́г Петро́вич уже́ _____ из ба́нка? Нет, он сейча́с из него́ _____ (выходи́ть/вы́йти).

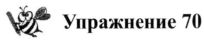 **Упражнение 71**

Complete the following sentences by converting the verb in parenthesis into correct form.

1. Сего́дня у́тром Ири́на (идти́) __**вы́шла**__ из до́ма в 7 часо́в. 2. Мы (идти́) _____ в трамва́й и уви́дели конду́ктора. 3. Никола́й Никола́евич (идти́) _____ из до́ма в 7:30, сел в такси́ и (е́хать) _____ на вокза́л. 4. Маши́на вы́ехала с парко́вки и (е́хать) _____ напра́во. 5. Води́тель ви́дел, как пассажи́ры (идти́) _____ из авто́буса. 6. Ма́льчик сел на велосипе́д и (е́хать) _____. 7. Отку́да они́? Они́ (е́хать) _____ из Фра́нции. 8. Оле́г с Мари́ной (идти́) _____ домо́й, поу́жинали и на́чали смотре́ть телеви́зор. 9. И́горь (идти́) _____ из ли́фта и (идти́)

_____ в свой о́фис.   10. Сего́дня уро́ка не бу́дет, потому́ что учи́тель не
(идти́) _____ .

Маршру́т

Ю́рий ча́сто е́здит на рабо́ту на маши́не. Вчера́ он стоя́л в про́бке полтора́
часа́ и поэ́тому опозда́л на ва́жное собра́ние. Сего́дня он реши́л пое́хать на
обще́ственном тра́нспорте.

Ю́рий вы́шел из до́ма в 8 часо́в и пошёл на остано́вку авто́буса. На
остано́вке он ждал авто́бус 5 мину́т. Когда́ прие́хал авто́бус, Ю́рий сел в него́ и
пое́хал на ста́нцию метро́. Он е́хал на авто́бусе 15 мину́т. Пото́м он вы́шел из
авто́буса и пошёл в сто́рону метро́. Ю́рий вошёл в вестибю́ль метро́, купи́л в
автома́те два жето́на и пошёл на платфо́рму метро́. На платфо́рме он ждал по́езд

одну́ мину́ту. Когда́ прие́хал по́езд, Юрий сел в него́ и пое́хал. Он е́хал в метро́ 20 мину́т.

Пото́м Юрий вы́шел из метро́ и пошёл пешко́м на рабо́ту. Он шёл 3 мину́ты. Юрий пришёл в о́фис ро́вно в 9 часо́в. Сего́дня он не опозда́л на рабо́ту!

 ## Упражнение 72

Different people left for different places. Rephrase the sentences describing them coming back from those places.

1. Мы пошли́ в о́перный теа́тр. __**Мы пришли из оперного театра.**__

2. Анна Григо́рьевна пошла́ на эту по́чту. _____

_____

3. Де́ти пошли́ в спорти́вную шко́лу. _____

_____

4. Они пое́хали в тот ботани́ческий сад. _____

_____

5. Ты пое́хал на вокза́л. _____

_____

6. Шко́льники пое́хали в истори́ческий музе́й. _____

_____

7. Григо́рий пое́хал в аэропо́рт. _____

_____

8. Михаи́л пое́хал на да́чу. _____

9. Ви́ктор Серге́евич пошёл в университе́т. _____

10. Она поéхала на ту автóбусную стáнцию. _____

_____ .

Урок 15

Со вчерашнего дня

- Как до́лго Васи́лий готовится к экзамену?

- Василий гото́вится к экза́мену со вчера́шнего дня.

сего́дняшний день		**с** сего́дняшн**его** дня
сле́дующая неде́ля		**со** сле́дующ**ей** неде́**ли**
вчера́шний день	Вы рабо́таете	со вчера́шн**его** дня
бу́дущий год		с бу́дущего года
про́шлая зима́		с про́шлой зимы
настоя́щий моме́нт	Я зна́ю это	с настоя́щего моме́нта
две ты́сячи деся́тый год		с две ты́сячи деся́того го́да

Упражнение 73

Different people have been working at different places since the certain time. Create sentences with the given words, as in the example.

Образец: **1. Марина работает в нашей компании со вчерашнего дня.**

1. Мари́на	на́ша компа́ния	вчера́шний день
2. Ива́н Ива́нович	ва́ша компа́ния	сего́дняшний день
3. Игорь Петро́вич	ваш университе́т	за́втрашний день
4. Ни́на Никола́евна	этот магази́н	про́шлая неде́ля
5. мы	эта шко́ла	про́шлый ме́сяц
6. ты	этот институт	прошлый год
7. Ири́на Ви́кторовна	эта фи́рма	про́шлое ле́то
8. Михаи́л	та фирма	про́шлая весна́
9. я	та библиоте́ка	про́шлая зима́
10. вы	этот банк	про́шлая о́сень
11. Джеймс	компа́ния «Бо́инг»	две ты́сячи пе́рвый год
12. они	о́перный театр	две ты́сячи второ́й год
13. наш нача́льник	эта корпора́ция	ты́сяча девятьсо́т девяно́сто тре́тий год

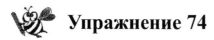 **Упражнение 74**

Complete the following sentences using the given words, as in the example.

1. Этот шика́рный оте́ль. Мы живём в но́мере ___**этого шика́рного оте́ля.**___

2. Наша ма́ленькая гру́ппа. Вон там стоя́т студе́нты _____

_____

3. Это ва́жное де́ло. Этот челове́к не мо́жет жить без _____

_____

4. Эта изве́стная компа́ния. Мы хоти́м купи́ть а́кции _____

_____

5. Ваш моби́льный телефо́н. Како́й но́мер _____

_____

6. То тру́дное зада́ние. Это вопро́сы _____

7. Моя́ жена́. На сту́ле лежи́т су́мка _____

8. Его персона́льный компью́тер. На столе́ нет _____

_____

9. Ваш сарка́зм. Я не понима́ю _____

10. Изве́стный ру́сский писа́тель. Это дом-музе́й _____

_____

11. Популя́рная францу́зская певи́ца. Это портре́т _____

_____

Бронирование гостиницы

Мари́я и Екатери́на - подру́ги. Они живу́т в Москве́ и у́чатся в университе́те на тре́тьем ку́рсе. Сейча́с у них кани́кулы, и де́вушки реши́ли пое́хать в Санкт-Петербу́рг на неде́лю, что́бы познако́миться бли́же с исто́рией э́того го́рода.

Мария и Екатерина уже́ купи́ли биле́ты на по́езд и упакова́ли чемода́ны. У них оста́лась одна́ ва́жная пробле́ма – гости́ница. Им на́до найти́ подходя́щую гости́ницу и заброни́ровать но́мер.

Номер на двоих

Маша:	Ка́тя, как ты ду́маешь, мы мо́жем себе́ заказа́ть гости́ницу в це́нтре го́рода?
Ка́тя:	На́до позвони́ть и узна́ть сто́имость но́мера за су́тки. Ду́маю, что на́до вы́брать небольшу́ю гости́ницу. Это обы́чно деше́вле.
Маша:	Одна́ моя́ колле́га в про́шлом году́ е́здила в Пи́тер. Она́ остана́вливалась в гости́нице «Русь». Она говори́ла, что это хоро́шая гости́ница и в це́нтре го́рода. Так, сейча́с посмо́трим в интерне́те телефо́н гости́ницы «Русь». Так, Санкт-Петербу́рг, гости́ницы. Гости́ница «Русь». Вот, пожалуйста.

Ма́ша набира́ет телефо́нный но́мер гости́ницы «Русь».

Администра́тор:	Гости́ница «Русь».
Маша:	До́брый день. Мы звони́м вам из Москвы́. Хоти́м заказа́ть но́мер на неде́лю. Прие́дем за́втра.
Администра́тор:	Хорошо, како́й но́мер вы хоти́те: станда́ртный или улу́чшенный?
Маша:	А ско́лько сто́ит станда́ртный и ско́лько сто́ит улу́чшенный?
Администра́тор:	Станда́ртный но́мер сто́ит 3000 рубле́й в су́тки, цена́ улу́чшенного но́мера 4000 в су́тки.
Маша:	Секу́нду. Сейча́с посове́туюсь с подру́гой. Ка́тя, обы́чный но́мер — 3000, улу́чшенный — доро́же на одну́ ты́сячу. Что бу́дем зака́зывать?
Катя:	Дава́й заброни́руем станда́ртный. Сэконо́мим де́ньги.
Маша:	Да, сэконо́мим де́ньги и похо́дим по магази́нам... Так, мы хоти́м заказа́ть станда́ртный на неде́лю с за́втрашнего дня.
Администра́тор:	Но́мер на одного́ или на двои́х?
Маша:	На двои́х, пожалуйста.
Администра́тор:	Вы бу́дете за́втракать в гости́нице? Е́сли да, то сто́имость прожива́ния с за́втраком на двои́х 3500 рубле́й в су́тки.

Маша:	Да, хорошо.
Администратор:	Скажи́те, пожалуйста, ва́шу фами́лию, и́мя, о́тчество.
Маша:	Кузнецо́ва Мари́я Никола́евна.
Администратор:	Мари́я, как бу́дете плати́ть?
Маша:	Нали́чными, е́сли мо́жно.
Администратор:	Да, мо́жно нали́чными или креди́тной ка́ртой.
Администратор:	Хорошо. Ваш но́мер телефо́на, пожалуйста.
Маша:	8- 888- 765-56-56.
Администратор:	8- 888- 765-56-56. Хорошо. Жди́те.

Че́рез 5 мину́т звони́т телефо́н.

Администратор:	Мари́я Кузнецо́ва?
Маша:	Да, это я.
Администратор:	Так. Вы заброни́ровали но́мер на двоих с 18 ию́ля по 25 ию́ля на Мари́ю Кузнецо́ву. В сто́имость прожива́ния вхо́дят за́втраки. Плати́ть бу́дете нали́чными в моме́нт заселе́ния. При себе́ вам ну́жно име́ть па́спорт. Всего́ до́брого.
Маша:	Спаси́бо. До свида́нья.
Катя:	Всё? Ты заброни́ровала но́мер?
Маша:	Да, с за́втрашнего дня.
Катя:	Отлично! Я боя́лась, что все номера́ бу́дут за́няты.
Маша:	Я то́же боя́лась, что не бу́дет номеро́в. И цена́ подходя́щая. Я ду́мала, что бу́дет доро́же.

Бояться

Сейчас

	я	ты	он/она/оно	вы	они
боя́ться	бою́сь	бои́шься	бои́тся	бои́тесь	боя́тся

Раньше

он	она	оно	они
боя́лся	боя́лась	боя́лось	боя́лись

Упражнение 75

  A) Create sentences, describing what people are afraid of.

1. Ма́шенька/темнота́ **Машенька боится темноты.**

2. секрета́рша/нача́льник _____

3. ты (молодой человек) / лета́ть на самолёте _____

_____

4. мы/опозда́ть на по́езд _____

5. кот/ соба́ка _____

6. лю́ди с деньга́ми/инфля́ция _____

_____

7. цветы́/хо́лод _____

8. на́ша соба́ка/гро́мкая му́зыка _____

Б) Rephrase the sentences from (A) by putting them into the Past Tense.

1. **Машенька боялась темноты.**

2. _____

3. _____

4. _____

5. _____

6. _____

7. _____

8. _____

Я этого не знал

- Юра, ты знаешь, что человеческий глаз может видеть 500 оттенков серого цвета?

- Какого цвета?

- Серого?

- Нет, я этого не знал.

Упражнение 76

Ask questions about the words in bold, following the example.

1. Они приехали в Москву из **маленького** города. **Из какого города они приехали в Москву?**

2. Григорий пришёл с **важного** собрания. _____

3. У них нет **áнгло-рýсского** словаря. _____

4. Ольга любит пить кóфе из **мáленькой сúней** чáшки. _____

5. С **зáвтрашнего** дня мы бýдем рабóтать над нóвым проéктом. _____

6. Со **слéдующей** óсени вы бýдете ýчиться в нóвой шкóле. _____

7. Этот пáмятник стоúт здесь с **тысяча пятьсóт тринáдцатого гóда.** _____

8. Я берý фотогрáфию из **своегó** альбóма. _____

9. Со **слéдующей** недéли вы у них не рабóтаете. _____

10. С **этого момéнта** я сам бýду контролúровать этот процéсс. _____

11. Мы знáем друг дрýга с **тысяча девятьсóт девянóсто шестóго гóда.** _____

12. В этом гóроде нет **óперного** теáтра. _____

Урок 16

Бежать/бегать

Сейчас

	я	ты	он/она/оно	вы	они
бежа́ть	бегу́	бежи́шь	бежи́т	бежи́те	бегу́т
бе́гать	бе́гаю	бе́гаешь	бе́гает	бе́гаете	бе́гают

Вчера

он	она	оно	они
бежа́л	бежа́ла	бежа́ло	бежа́ли
бе́гал	бе́гала	бе́гало	бе́гали

Упражнение 77

Different people are running after somebody. Create sentences as in the example.

A) Образец: 1. **Я бегу за вами.**

1. я (мужчи́на) ⟶ 2. вы ⟶ 3. она ⟶ 4. он ⟶ 5. мы ⟶ 6. они ⟶

7. Еле́на Бори́совна ⟶ 8. Влади́мир ⟶ 9. Михаи́л Никола́евич ⟶

10. Людми́ла ⟶ 11. ты (де́вушка) ⟶ 12. брат ⟶ 13. я (же́нщина) ⟶

14. сын ⟶ 15. ба́бушка ⟶ 16. де́душка ⟶ 17. внук ⟶

18. мама ⟶ 19. сестра́.

Б) Rephrase the sentences from (A) describing people who were running after somebody.

1.   **Я бежал за вами.**

2.

3.

4.

5.

6.

7.

8.

9.

10.

11.

12.

13.

14.

15.

16.

17.

18.

19.

Я добегу до того места

Больша́я собака:	Как ты ду́маешь, сколько ме́тров отсю́да до того́ де́рева.
Ма́ленькая соба́чка:	Я ду́маю, что я добегу́ до того́ ме́ста за 5 мину́т.
Большая собака:	А я ду́маю, что я смогу́ это сде́лать быстре́е - я добегу́ до того́ де́рева за две мину́ты! Я ка́ждый день бе́гаю де́сять киломе́тров.
Маленькая собачка:	Ра́ньше, когда́ мы жи́ли ря́дом с па́рком, я то́же бо́льше бе́гала, а сейча́с я о́чень мно́го е́зжу.
Большая собака:	А куда́ ты е́здишь?
Маленькая собачка:	Ну я два ра́за в день е́зжу на ли́фте, в выходны́е мы с хозя́ином е́здим на да́чу, а в про́шлую суббо́ту мы е́здили в дере́вню. У нас в дере́вне ба́бушка. Вот это был класс! Я там бе́гала за кото́м це́лый день.
Большая собака:	Я то́же люблю́ бе́гать за кота́ми.

Упражнение 78

Answer the questions using information from the dialogue: **Я добегу до того места**.

Образец: **1. Маленькая собачка добежит до дерева за 5 минут.**

1. За сколько минут добежит до дерева маленькая собачка?   2. Кто добежит до дерева быстрее?   3. Сколько километров в день бегает большая собака?   4. Где раньше жила маленькая собачка?   5. Кто много ездит сейчас?   6. Кто много бегает сейчас?   7. Куда ездит маленькая собачка в выходные?   8. С кем она ездит на дачу? 9. Куда ездила маленькая собачка в прошлую субботу?   10. За кем она бегала в деревне?   11. Кто ещё любит бегать за котами?

Упражнение 79

Complete the sentences choosing the correct verb in parentheses. Add a prefix when needed.

1. Каждое утро я (бежать/бегать) __**бегаю**__ в парке.   2. Собака (бежать/бегать) _____ до дерева, а потом побежала обратно.   3. Олег Петрович (идти/ходить) _____ из банка и пошёл на остановку троллейбуса.   4. Мы боялись опоздать, поэтому (ехать/ездить) _____ из города утром.   5. За сколько минут ты можешь _____ (бежать/бегать) до того места? 6. Наша собака любит (бежать/бегать) _____ за котами.   7. Они японцы? Да, они (ехать/ездить) _____ из Японии.   8. Вы часто (ехать/ездить) _____ на общественном транспорте?   9. Они (идти/ходить) _____ в кабинет директора и посмотрели друг на друга.

От моего дома до моей работы

Света: Коля, ты живёшь далеко отсюда?

Коля: От моего дома до моей работы полчаса на машине, если нет пробок.

Света: А если есть пробки?

Коля: А если есть пробки, то полтора часа.

Света: А если на общественном транспорте?

Коля: Ну, на общественном транспорте где-то час. И не надо думать о парковке.

Света: Да, это правда.

Коля: А ты как ездишь на работу?

Света:  В прошлом году, когда я только купила новую машину, я всё время ездила на работу на машине. Вождение по городу - это стресс, особенно зимой. Сейчас я езжу на работу на метро. От моего дома до работы всего 15 минут на метро. Я выхожу из дома в 8:30, и через полчаса я на работе. Очень удобно. И, как ты сказал, не надо думать о парковке.

Упражнение 80

Answer the questions, using the dialogue above.

Образец: **1. Коля едет на машине от своего дома до работы полчаса, если нет пробок.**

1. Сколько Коля едет на машине от своего дома до работы, если нет пробок?

2. Сколько Коля едет на машине от своего дома до работы, если есть пробки?

3. Сколько Коля едет на общественном транспорте от своего дома до работы?

4. Как Света ездит на работу? 5. На чём Света ездила на работу в прошлом году?

6. Когда Света купила себе машину? 7. Когда обычно Света выходит из дома?

8. Сейчас Свете надо думать о парковке? 9. Почему Свете не надо думать о парковке? 10. Сколько Света едет на метро от своего дома до работы?

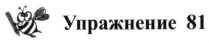

Упражнение 81

Create sentences using the information in the table, as in the example.

от	до	сколько?	на чём?
1. мой дом	моя́ рабо́та	40 мину́т	авто́бус
2. наш дом	центр го́рода	по́лчаса	метро́
3. ваш дом	ва́ша да́ча	час на	электри́чка
4. твой о́фис	э́то кафе́	10 мину́т	пешко́м
5. его́ общежи́тие	ботани́ческий сад	5 мину́т	тролле́йбус
6. их дере́вня	наш го́род	2 часа́	по́езд
7. наш университе́т	Центра́льный стадио́н	15 мину́т	трамва́й
8. о́перный теа́тр	ста́нция метро́	3 мину́ты	пешко́м
9. ва́ша рабо́та	ваш дом	25 мину́т	маши́на
10. твоя́ шко́ла	Центра́льный парк	10 мину́т	велосипе́д

1.   **От моего дома до моей работы 40 минут на автобусе.**

2. _____

_____

3. _____

_____

4. _____

_____

5. _____

144

6. _____

7. _____

8. _____

9. _____

10. _____

Грамматика

Урок 1

Telling Time

In official settings (to set up appointments, working hours, breaks, etc.) Russians use military time:

> 11 PM = 23.00   6 AM = 6.00

In conversational Russian they often say:

> 9 AM = 9 часов утра   (Literally: nine of the morning. **утра** is in the Genitive Case)

> 2 PM = 2 часа дня   6 PM = 6 часов вечера

> 2 AM = 2 часа ночи

In English they say AM or PM when telling time. In Russian they use morning, day, evening, night. There are only 4 hours that are referred as night time:

> 12 AM = 12 часов ночи   1AM = час[1] ночи

> 2AM = 2 часа ночи   3AM = 3 часа ночи

Then we have morning hours:

> 4 PM = 4 часа утра

> 5, 6, 7, 8, 9, 10, 11 AM = * часов утра

After that we have day hours:

> 12PM = 12 часов дня   1PM = час дня

> 2PM, 3PM, 4PM = * часа дня   5PM = 5 часов дня

After that we have evening hours:

6PM = 6 часов вечера

7PM, 8PM, 9PM, 10PM, 11PM = * часов вечера.

The most common phrase to ask the time is:

> Который час? = *What is the time?*

---

[1] *Usually the number one is omitted for 1.*

What Time Is It?/Translation

Который час? = *What time is it?*

Скажите, пожалуйста, который час? = *Excuse me, can you, please, tell me what time is it?*

Сейчас семнадцать часов двадцать две минуты = *It's 17.22.*

Прохожий = *passerby*

Извините, сколько минут = *Excuse me, how many minutes?*

Двадцать две минуты. О! уже двадцать три минуты. = *It's 22 minutes. Oh! It's already 23 minutes.*

Да, сейчас семнадцать часов двадцать три минуты. = *Yes, it's 17 hours 23 minutes.*

Спасибо. = *Thank you.*

Не за что. = *It's my pleasure.* (Literally: **for nothing**, meaning: it was so easy for me that it's nothing to be grateful for).

Visiting Each Other/Translation

Игорь – очень хороший программист. = *Igor is a very good programmer.*

Он любит свою работу. = *He loves his job.*

Часто вечером он сидит у компьютера. = *Very often in the evening he sits in front of the computer.*

Его жена Ольга не любит, когда он часами сидит у компьютера. = *His wife, Olga, does not like it when he sits in front of the computer for hours.*

Она хочет, чтобы муж работал на работе, а дома, чтобы был с женой. = *She wants her husband to work at work and to spend time with his wife when he is at home.* (Literally: She wants that her husband worked at work and at home that (he) were with wife)

Игорь, ты уже сидишь у компьютера 4 часа. = *Igor, you have been sitting in front of the computer for 4 hours.*

Который час? = *What time is it?*

Сейчас уже 10 часов. = *It's already 10 o' clock.*

Ты пришёл домой в 6 часов, поел за 15 минут и всё. = *You came home at 6, ate your dinner in 15 minutes and that's it.*

Тебя как будто нет дома. = *It feels like you are not home.*

Как будто у меня нет мужа. = *It feels like I don't have a husband.*

Мы в четверг были в театре. = *We went to the theatre last Thursday.*

Но это же раз в месяц! = *But it's only once a month!*

А я хочу каждый день с тобой разговаривать, обсуждать наши проблемы. =*And I want to talk to you every day, discuss our problems!*

У тебя есть проблемы? = *Do you have problems?*

Какие проблемы ты хочешь со мной обсуждать? = *What problems do you want to discuss with me?*

Ну, это я так сказала. = *That's not what I meant to say.* (I just said so.)

Я просто хочу с тобой разговаривать. = *I just want to have a conversation with you.*

О чём ты хочешь со мной разговаривать? = *What do you want to talk about?*

Ну, например, что ты сейчас там читаешь в интернете? = *Well, for example, what are you reading on the internet at the moment?*

Я сейчас читаю статью о компиляторе. = *I am reading an article about a compiler.*

Хочешь разговаривать о компиляторе? = *Do you want to talk about a compiler?*

О, нет, о компиляторе точно не хочу. = *Oh, no, I don't want to talk about a compiler for sure.*

Вчера звонила твоя мама. = *Yesterday your mom called.*

Она пригласила нас в гости в субботу. = *She invited us to come over on Saturday.*

Зачем? = *What for?*

Игорь, зачем люди ходят в гости? = *Igor, why do people come to see each other?*

Чтобы общаться! = *To communicate!* (Literally: In order to communicate!)

Verb 'To Be' in the Past Tense

It was mentioned earlier that the verb 'to be' is rarely used in the present tense.

However, it is **always** used for the past and future tenses.

Иван был на остановке автобуса в 6 часов. = *Ivan was at the bus stop at 6 o' clock.*

Вчера мы были в кино. = *Yesterday we went to the movies* (Literally: We were at the movie.)

Conjunction 'чтобы.' Indirect Command

If you want somebody to do something but, at the same time you don't want to command them, you should use an Indirect Command.

> Игорь хочет, **чтобы** я пригласи**ла** Бориса на день рождения. = *Igor wants me to invite Boris to my birthday party.* (Literally: Igor wants that I invited Boris to my birthday party)

In order to form an Indirect Command, use a conjunction **чтобы** and put the verb that indicates what is desired, in the Past Tense.

Урок 2

Short Form Adjective 'готов'

You already know some Short Form Adjectives: **должен, нужен**. Let's learn another one.

готов = to be ready

он	она	оно	они
готов	готова	готово	готовы

Света не была готова в шесть часов. = *Sveta was not ready at 6 o'clock.*

Я уже давно готов = *I have been ready for a while.* (The verb 'to be' is omitted for the present tense)

Обед будет готов ровно в два часа. = *Lunch will be ready at 2 o'clock sharp.*

Going to a Birthday Party/Translation

Это друг Игоря Саша. Он учится в университете. = *This is Igor's friend Sasha. He studies at the University.*

Саша – приятный молодой человек. = *Sasha is a nice young man.*

У него большие серые глаза, прямой нос и русые вьющиеся волосы. = *He has big gray eyes, a straight nose and curly blond hair.* (**русые** means ash-blond)

Его рост 182 сантиметра. = *His height is 182 centimeters.*

Сегодня он идёт на день рождения, поэтому на нём нарядный тёмно-серый костюм, белая рубашка, красивый галстук в тон костюма и чёрные туфли. = *Today he is going to a birthday party, that is why he is wearing a nice dark gray suite, a white shirt, a beautiful tie to match the suite and black shoes.*

Саша идёт на день рождения один? = *Is Sasha going to the birthday party alone?*

Нет, он идёт на день рождения с подругой. = *No, he is going to the birthday party with his girlfriend.*

Её зовут Марина, и она работает секретарём в школе. = *Her name is Marina and she works as a secretary at school.*

Марина – очень симпатичная девушка. = *Marina is a very pretty girl.*

У неё красивые голубые глаза, густые чёрные ресницы, маленький нос и длинные рыжие волосы. = *She has beautiful blue eyes, thick black eyelashes, a small nose and long red hair.*

Её рост 155 сантиметров. = *Her height is 155 centimeters.*

Сейчас на ней голубое платье, белый лаковый пояс и белые лаковые туфли. = *She is wearing a blue dress, a white lacquered belt and white lacquered shoes.*

На руке у неё серебряный браслет, а на шее серебряная цепочка с крестиком. = *She is wearing a silver bracelet on her wrist and a delicate silver chain with a cross around her neck.*

Марина обожает ходить в гости. = *Marina adores partying.*

Но она очень часто опаздывает, поэтому Саша обычно звонит ей заранее и напоминает о времени. = *But she is late very often, that is why Sasha usually calls her and reminds her about the time.*

Almost Ready/Translation

Алло, Мариночка, это я. = *Hello, Marinochka, it's me.*

А, Саша, привет. Я уже почти готова. = *Oh, Sasha, hi. I am almost ready.*

Почти? То есть ты ещё не готова. = *Almost? So, you are not ready yet.*

Когда же ты будешь готова? = *When will you be ready?*

Я буду готова через двадцать, нет, через тридцать минут. = *I will be ready in twenty, no, in thirty minutes.*

Но через тридцать ты точно будешь готова? = *But in thirty minutes you will be ready for sure, right?*

Через тридцать буду готова. = *In thirty I will be ready.*

Хорошо, сейчас шесть часов. В шесть тридцать я буду у тебя. = *OK, it's 6 now. At 6.30 I will be at your place.*

Через тридцать минут Саша звонит в дверь Марине. = *In thirty minutes Sasha is ringing the bell at Marina's door.*

Ой, Саша, это ты? А который час? = *Oh, Sasha, is that you? What time is it now?*

Шесть тридцать, моя дорогая. И нас уже ждут. = *It's 6:30, my dear. And they are already waiting for us.*

Ты же знаешь, что я очень не люблю опаздывать. = *You do know that I hate being late.*

Ну, ещё пять минут…нет, десять. = *Just five more minutes… no, ten.*

Обещаю, через десять минут я буду готова. = *I promise: in ten minutes I will be ready.*

Prepositional Personal Pronouns

You have already learned Nominative, Accusative and Genitive Personal Pronouns.

Let's learn the Prepositional Personal Pronouns.

Prepositional Personal Pronouns

я	ты	он/оно	она	мы	вы	они
обо мне	о тебе	о нём	о ней	о нас	о вас	о них

Talking About Wearing Clothes

In order to describe what somebody is wearing use Prepositional Case.

> На Ольге зелёное пальто и красная шляпа. = *Olga is wearing a green coat and a red hat.* (Literally: On Olga green coat and red hat).

> На них (Prep.) были одинаковые спортивные костюмы (nom.). = *They were wearing identical tracksuits.* (Literally: On them were identical sport suits).

Notice that the person wearing clothes takes the Prepositional Case and the clothes take the Nominative Case.

Used to

The English expression 'used to' is translated into Russian as **раньше**.

Она раньше жила в деревне. = *She used to live in the village.* (Literally: She before lived in the village.)

Fancy Dress/Translation

Привет, Маринка! = *Hi, Marinka!* (Short informal variant from the name Marina)

Ой, слушай, я вчера такое платье купила! = *Oh, you know, I bought such a dress yesterday!*

Нарядное или на каждый день? = *Fancy or for every day?*

Я его купила на каждый день, хотя оно нарядное. = *I bought it for every day, even though it's fancy.*

На нём есть кружева и пять карманов! = *It has lacing and five pockets!*

Пять карманов! Класс! А какого оно цвета? = *Five pockets! Cool! And what color is it?*

Оно небесно-голубое. = *It's sky-blue.*

Ты вчера видела Ларису Долину по телевизору? = *Did you see Larisa Dolina on TV yesterday?*

На ней было такое же платье! = *She was wearing the same dress!*

Ты шутишь! =*You are kidding!*

Я тебе говорю! = *I am telling you!*

А где ты его купила? = *And where did you buy it?*

Я его купила в универмаге… Но оно было последнее. = *I bought it at the department store. But it was the last one.*

Ну, понятно. = *I see.*

Asking General Questions in Past Tense

As you already know, verbs in the Past Tense agree with gender and number. When you want to ask a general question: 'Who was?' or 'What was?' or 'Who worked?' you can be puzzled by which gender to use.

Use masculine gender for animate objects (who):

154

Кто работал вчера вечером? = *Who was working last night?*

Лена работала. = *Lena was working.*

Use neuter gender for inanimate objects (what):

Что лежало на полу? = *What was lying on the floor?*

На полу лежали мои вещи. = *My belongings were lying on the floor.*

Урок 3

Verbs of Motion with Prefix 'при'

You already know how to use Verbs of Motion. Adding a prefix to the verb of motion changes its meaning. Let us take a look at the Verbs of Motion with the prefix **при**. Prefix **при** is used to describe arrival.

прийти = to come by foot (derives from the verb **идти**)

приехать = to come by transportation, to arrive (derives from the verb **ехать**)

Take a look at the conjugation of these verbs in the Past Tense.

Infinitive	он	она	оно	они
прийти	пришёл	пришла	пришло	пришли
приехать	приехал	приехала	приехало	приехали

Как вы приехали домой? = *How did you get home?*

Мы приехали домой на автобусе. = *We took a bus.* (Literally: We came home on bus.)

Владимир уже пришёл. = *Vladimir has already arrived.*

In this lesson we will talk only about the prefixed Verbs of Motion with the Perfective meaning. It is important in the beginning to go gradually, getting used to one concept at a time.

Оля и Саша пришли в школу пешком. = *Olya and Sasha walked to school.*

Максим приехал в магазин на велосипеде. = *Maxim arrived to the store by bike.*

Сегодня я пришёл домой рано. = *I came home early today.*

Marina Came from Work /Translation

Марина пришла с работы в 6 часов. = *Marina came from work at 6 o'clock.*

Сейчас она сидит на диване и разговаривает с мамой. = *Now she is sitting on the couch and talking to her mom.*

Они уже говорят 20 минут. = *They have been talking for 20 minutes already.*

Её мама готовит очень вкусные оладушки, и Марина хочет узнать рецепт. = *Her mom makes delicious pancakes, and Marina wants to learn the recipe.*

Марина не очень любит готовить. = *Marina does not like to cook very much.*

Она любит ходить на дискотеки, в кино, в гости. = *She likes to go to discotheque, to movies and to parties.*

И ещё она обожает болтать по телефону. = *And also she adores chatting on the phone.*

Она может говорить по телефону часами. = *She can talk on the phone for hours.*

Марина – очень общительный человек. = *Marina is a very social person.*

У Марины есть молодой человек, Саша. = *Marina has a boy friend named Sasha.*

Они познакомились на свадьбе Ольги и Игоря год назад. = *They met at Olga and Igor's wedding a year ago.*

Они были свидетелями на их свадьбе. = *They were the best man and the maid of honor at their wedding.* (Literally: they were witnesses at their wedding.)

Марина была свидетельницей Ольги, а Саша был свидетелем Игоря. = *Marina was the maid of honor and Sasha was the best man.*

Саша любит спорт. Он занимается теннисом. = *Sasha likes sports. He plays tennis.* (Literally: He is occupied with tennis, meaning he is serious about it)

Раньше он играл в футбол и ходил в бассейн два раза в неделю. = *He used to play soccer and go to a swimming pool twice a week.*

Но теперь у него есть девушка, и поэтому у него мало времени (Gen. from **время -** irregular). = *But now he has a girlfriend and therefore he does not have enough time.*

Pancakes /Translation

Оладушки = *Pancakes.* (Оладушки are small thick and puffy pancakes)

Здравствуй, Мариночка. Как у тебя дела? Как на работе? = *Hello, Marinochka. How are you? How is your job?*

Да, всё хорошо. А как у вас дела? Как твоя спина? = *Everything is good. And how are you? How is your back?*

Уже гораздо лучше. = *It's much better already.*

Я вчера намазал ту мазь, что ты мне купила. = *Yesterday I applied the ointment you bought for me.* (Literally: I spread in that ointment that you me bought.)

Очень хорошая мазь. Она очень мне помогла. = *It's a very good ointment. It helped me a lot.*

Я рада, что она тебе помогла. А что там мама делает? = *I am glad it helped you. And what is mom doing over there?*

Мама сейчас на кухне готовит. Галя, Марина звонит! = *Mom is in the kitchen cooking. Galya, Marina is calling!*

Ой, Мариночка, иду! = *Oh, Marinochka* (affectionate from Marina), *coming!*

Добрый вечер, мамочка. = *Good evening, mom*

Добрый вечер, доченька. Ты уже пришла с работы? = *Good evening dear* (Literally: Good evening, daughter). *Did you already get home from work?*

Да, мам я уже дома. = *Yes, mom, I am already home.*

Ты уже ужинала? = *Have you already had supper?*

Нет ещё. Я хочу, чтобы ты рассказала мне, как готовить оладушки. = *Not yet. I want you to tell me how to make pancakes.*

Оладушки? Это нетрудно. У тебя мука есть? = *Pancakes? It's not difficult. Do you have any flour?*

Есть. = *I do.*

А кефир? = *And buttermilk?*

Кефир тоже есть. = *I have some buttermilk too.*

Очень хорошо. Значит так: берёшь кефир, добавляешь яйцо, сахар, немножко соли, потом добавляешь муку. = *Very good. So, you take buttermilk, add an egg, the sugar and little bit of salt, then you add the flour.*

А сколько кефира и сколько муки? = *And how much of buttermilk and how much of flour?*

Кефира стакан, а муку добавляешь постепенно и мешаешь. = *A glass of buttermilk and flour you add gradually and stir it in.*

Тесто должно быть, как густая сметана. = *The dough should be like thick sour cream.*

А сколько сахара? = *And how much sugar?*

Сахар по вкусу. Ну можно четверть стакана. = *Sugar to taste. You can add a quarter of a glass.* (Literally: Possible quarter of glass)

Ну вот и всё. = *That's all.*

Потом берёшь сковородку, наливаешь подсолнечное масло, нагреваешь его и жаришь оладушки. = *Then you take a frying pan, pour some sunflower oil into it, warm it up and fry the pancakes.*

Спасибо, мамочка. Целую, пока. = *Thanks mom. Kisses. Bye.*

Пока, доченька. Звони, если у тебя будут вопросы. = *Bye, honey. Call me if you have any questions.*

Verb 'брать'

брать = *to take*

The verb **брать** is sometimes used differently than in English. Take a look at it:

Я всегда беру свежую рыбу в этом магазине. = *I always buy fresh fish at this store.*
Мы всегда берём борщ со сметаной на обед. = *We always get beetroot soup with sour cream for dinner.*

Reflexive Verbs

Verbs that end in **ся** or **сь** are called Reflexive. They are called so because in many cases they reflect the subject. In this lesson we will talk about two main usages of these verbs.

1. Real Reflexive Verbs that reflect the subject.

Reflexive	Non-Reflexive
умываться = *to wash up*	**умывать** = *to wash somebody's face*
Я умываюсь. = *I am washing my face.*	Мама умывает Сашу. = *Mom washes Sasha's face.*
Words 'my face' are replaced with the reflexive particle **сь**	
Саша со Светой встречаются в кафе. = *Sasha and Sveta are meeting each other at a café.*	Саша встречает Свету в аэропорту. = *Sasha is meeting Sveta at the airport.*
Words 'each other' are replaced with the reflexive particle **ся.**	

2. Passive Reflexive Verbs, which reflect that something happens to the subject.

Reflexive	Non-Reflexive

Магазин открывается в 8 часов. = *The store opens at 8 o'clock.* (Literally: The store is opened at 8 o'clock)

Think about its passive meaning: The store does not open anything.

Нина открывает магазин в 8 часов. = *Nina opens the store at 8 o'clock*

Many Reflexive Verbs end in **тся**. This combination of letters is pronounced **тца**.

учится = [учитца]   тся ⟶ тца

Reflexive Verb Conjugation

Conjugation of Reflexive Verbs change in the same way as regular ones. The only difference is a reflective particle at the end of the verb:

ся goes after a consonant

сь goes after a vowel

Reflexive Verbs Conjugation

Infinitive		умыва**ться**	учи**ться**	открыва**ться**
Present Tense	**я**	умыва**юсь**	уч**усь**	открыва**юсь**
	ты	умыва**ешься**	уч**ишься**	открыва**ешься**
	мы	умыва**емся**	уч**имся**	открыва**емся**
	он/она/оно	умыва**ется**	уч**ится**	открыва**ется**
	вы	умыва**етесь**	уч**итесь**	открыва**етесь**
	они	умыва**ются**	уч**атся**	открыва**ются**

Урок 4

Past Tense of Reflexive Verbs

In the previous lesson we talked about Reflexive Verbs. We practiced their conjugations in the present tense. The Past Tense of the Reflexive Verbs is also very logical.

Reflexive Verbs Conjugation in the Past Tense

Infinitive		умыва́ться	начина́ться
Past Tense	он	умыва́лся	начина́лся
	она	умыва́лась	начина́лась
	оно	умыва́лось	начина́лось
	они	умыва́лись	начина́лись

As you see from the table the difference between regular verbs and Reflexive Verbs is in the particles **ся** or **сь**. The rest is the same.

Зина раньше занима**лась** танцами. = *Zina used to dance.*

Эти трюки дела**лись** вот так. = *These tricks used to be done this way.*

Я познакомила Андрея с родителями. = *I introduced Andrey to my parents.*

Андрей познакоми**лся** с родителями. = *Andrey met my parents.*

Presents/Translation

Подарок – это знак уважения к человеку. = *A present is s sign of respect for a person.*

Русские обычно ходят в гости с подарками, даже если это не день рождения или какой-то другой праздник. = *Russians usually bring presents when they visit friends, even if it's not a birthday or any kind of a holiday.*

Это может быть букет, сувенир, конфеты, торт и т.д. = *It can be a bouquet, souvenir, candy, cake, etc.*

Конечно, есть случаи, когда можно прийти в гости без подарка. = *Surely, there are cases when you can come for a visit without a present.*

Например, если вы идёте на официальный приём, то подарок не нужен. = *For example, if you go to an official reception, you do not need a present.*

Но сейчас мы не будем об этом говорить. = *But now we will not be talking about that.*

Итак, вас просто пригласили в гости, и вы не знаете, что подарить. = *So, you were invited to come visit and you do not know what to bring.*

Существуют универсальные подарки: цветы, конфеты, хороший чай или бутылка вина. = *There are common presents: flowers, candy, good tea or a bottle of wine.*

Если вас пригласили на день рождения, то вы можете подарить что-то полезное, особенно, если вы знаете вкусы именинника: красивый аксессуар для планшета или подарочный сертификат в салон = *If you are invited to a birthday party, you can give something useful as a present, especially if you know the birthday person's taste: a pretty accessory for a laptop or a gift certificate to a spa saloon.*

Если ваш друг – любитель экстрима, то вы можете подарить ему что-то экстраординарное – например прыжок с парашютом. = *If your friend loves extreme, you can give him something extraordinary as a present: for example, a parachute jump.*

Если вы спросите: можно ли дарить деньги, то ответ будет: деньги лучше не дарить. = *If you ask whether you can give money as a gift, the answer would be: it is better not to gift money.*

Только очень близкие друзья или родственники дарят деньги, иначе вы можете поставить человека в неудобное положение. = *Only very close friends or relatives gift money, otherwise you may put the person into an uncomfortable situation.*

Нужно помнить, что когда вы идёте в гости в дом, где есть хозяйка, то обязательно нужно купить цветы, даже если именинник – мужчина. = *You should remember that when you are visiting a house where there is a hostess, you should definitely buy flowers, even if you are coming to a man's birthday party.*

Подарок дарится мужчине, а хозяйке – цветы. = *You will give the present to the man, and the flowers to the woman.*

Здесь есть один маленький нюанс: количество цветов должно быть нечётное: 1, 3, 5 и т. д. = *There is one little caveat you need to remember: there should always be an odd number of flowers: 1,3,5 and so on.*

Дарите друг другу подарки! = *Give each other presents!*

Дарите друг другу хорошее настроение! = *Give each other good mood!*

Unusual Presents/Translation

Необычные подарки = *Unusual presents*

Кольцо-лягушка за 150 000 долларов = *Ring in the Shape of a Frog – $US 150,000*

Известная телеведущая Ксения Собчак сегодня много улыбалась на вечеринке. = *The famous TV host Kseniya Sobchak was smiling a lot at the party today.*

На пальце у неё было эксклюзивное кольцо, которое Ксении подарил её возлюбленный Сергей Капков. = *On her finger she had the exclusive ring, which her boyfriend Sergey Kapkov gifted her.*

Кольцо-лягушку Сергей купил за 150 000 долларов. = *Sergey bought the ring in the shape of a frog for $US 150,000.*

«Сергей просто осыпает Ксюшу подарками», - говорит подруга Ксении. = *Sergey is showering Ksyusha with presents," Kseniya's friend says.*

Его подарки всегда эксклюзивные и безумно дорогие, ведь у Ксюши очень требовательный вкус. = *His presents are always exclusive and crazy expensive, because Ksiyusha has very high-end taste.*

Древний замок в Уэльсе за 5 500 000 долларов = *The Ancient Welsh Castle for $US 5,500000.*

Майкл Дуглас - известный голливудский актёр и романтик - подарил жене Кэтрин Зета-Джонс древний замок в Уэльсе, Великобритания. = *Michael Douglas – the famous Hollywood actor and romantic, gifted his wife Catherine Zeta-Jones an ancient castle in Wales, Great Britain.*

Старинный, удивительно красивый замок эксперты оценили в пять с половиной миллионов. = *The experts estimated this ancient, astonishingly beautiful castle at five and a half million dollars.*

Особняк за 7 000 000 евро = *The Mansion for 7,000,000 euro*

Самый завидный холостяк Криштиану Роналду купил подруге Ирине Шейк особняк в Мадриде, который стоит семь миллионов евро. = *The most eligible bachelor Krishtianu Ronaldu bought his girlfriend Irina Sheik a mansion in Madrid that costs seven million euro.*

Журналисты утверждают, что парочка уже готова свить гнёздышко. = *The journalists assure that the couple is already playing house.* (Literally: The couple is ready to twist a nest.)

Instrumental Personal Pronouns

You have learned Nominative, Genitive[2], Accusative and Prepositional Personal Pronouns. Let's learn Instrumental ones.

Instrumental Personal Pronouns

я	ты	он/оно	она	мы	вы	они
мной	тобой	(н) им	(н) ей	нами	вас	(н) ими

As usual add **н** to the pronoun when preceded with the preposition.

Я хочу познакомить тебя с ней. = *I want to introduce you to her.*

Он хочет познакомиться с ними. = *He wants to meet them.* (Literally: He wants to make himself acquainted with them.)

A full table of Personal Pronouns is at the end of the book. You can also find them on russianstepbystep.com website.

Counting Neuter Objects

You already know how to count masculine and feminine objects.
Let's learn how to count neuter objects.

---

[2] *Even though we did not practice the Genitive pronouns, you already know them, because they are exactly the same as the Accusative ones.*

Counting Neuter Objects

Noun	Number of objects		
	1	2,3,4	5, 6, 7, …, 20, uncertain number (мно́го, ма́ло, ско́лько?), нет
		like masculine	like feminine
вино́	одно́ вино́	два вина́	не́сколько вин
письмо́	три́дцать одно́ письмо́	четы́ре письма́	пять пи́сем
окно́	одно́ окно́	два окна́	шесть о́кон

If you carefully look at the table you may notice that in the second column (2, 3, 4) neuter nouns change in the same way as masculine nouns (have **а-я** ending), and in the 3rd column (5, 6,…20) change in the same way as feminine nouns (drop their ending). In the 3rd column neuter nouns have mobile vowels: **о-е** for the sake of more convenient pronunciation.

Урок 5

Prepositional Case

You already learned the Prepositional Case. It's time to broaden your knowledge about it. First we would like to repeat everything we know about the Prepositional Case.

Questions for the Prepositional Case:

Где? = Where? (Meaning a location)

На ком? = On whom?　　　　**На чём?** = On what?

В ком? = In whom?　　　　**В чём?** = In what?

О ком? = About whom?　　　**О чём?** = About what?

The Prepositional Case is used **only** with prepositions:

в = in/at ;　　　　**на** = on/at;　　　　**о/об** = about

The noun with the preposition **в**, **на** describes a location.

➢ The preposition **в** usually indicates that somebody or something is inside an enclosed space: в музее, в театре, в ресторане, etc.

　　Павел работает в банке. = *Pavel works at the bank.*

➢ The preposition **на** usually indicates that somebody or something is on top of a surface (на столе, на полу) or at some place that you cannot define as an enclosed space (на концерте, на лекции, на перерыве).

　　Ольга сейчас на концерте. = *Olga is at the concert right now.*

➢ The preposition **о/об** is very similar to the English preposition about.

　　О каком проекте говорит директор? = *What project is the director talking about?*

　　Мы сейчас говорим об Иване Ивановиче и его большом проекте. = *We are now talking about Ivan Ivanovich and his big project.*

Masculine and Neuter Adjectives in Prepositional

As you already know, a Russian adjective agrees with the noun it describes. If a noun takes on the Prepositional, so does the adjective. In this lesson we will learn the Prepositional endings of masculine and neuter adjectives.

На чём лежит дядя Коля? = *Where is uncle Kolya lying? (On what is uncle Kolya lying?)*

Дядя Коля лежит диване. = *Uncle Kolya is lying on the sofa.*

На каком диване лежит дядя Коля? = *What kind of sofa is uncle Kolya lying?*

Дядя Коля лежит на **маленьком** диване. = *Uncle Kolya is lying on a small sofa.*

Masculine and Neuter Adjectives in the Prepositional

	Nominative	Prepositional **ом/ем**
👤	большой стол	на больш**ом** столе
	хороший директор	о хорош**ем** директоре
☀	красное солнце	о красн**ом** солнце
	синее море	в син**ем** море

As you see from the table, the endings for masculine and neuter adjectives are **ом/ем**.

ом – for the hard ending

ем – for the soft ending

In the Dormitory/Translation

В общежитии = *In the dormitory.*

Добрый день. Меня зовут Максим. = *Good afternoon. My name is Maxim.*

Я живу в Санкт-Петербурге. Я студент. = *I live in Saint Petersburg. I am a student.*

Я учусь в Санкт-Петербургском государственном университете на экономическом факультете. = *I am studying at the Saint Petersburg State University majoring in Economics.*

Я живу в студенческом общежитии. = *I live in the student dormitory.*

У нас в общежитии на каждом этаже 14 комнат, две кухни, два туалета и большая рабочая комната, где всегда тихо и можно заниматься. = *Our dorm has 14 rooms on each floor, two kitchens, two restrooms and a big workroom, where it is always quiet and you can study.*

Мы живём на третьем этаже. = *We live on the third floor.*

Со мной в комнате также живут два парня, Сергей и Андрей. = *There are two other guys that live with me in the room: Andrey and Sergey.*

Мы хорошие друзья. = *We are good friends.*

Мы готовим по очереди, потому что обедать в кафе дорого. = *We take turns cooking, because dining in a cafeteria is expensive.*

Сегодня моя очередь готовить. = *Today is my turn to cook.*

Но сначала надо купить продукты. = *But first we have to buy some* groceries (food.)

Сейчас мы с Сергеем идём в магазин. = *Now Sergey and I are going to a grocery store.*

We Should Buy/Translation

Серёга, давай решим, что нам надо купить. = *Seryoga* (casual way to say Sergey), *let's decide what we need to buy.*

Картошка у нас есть? = *Do we have any potatoes?*

Нет, картошки нет. = *No, we don't have any potatoes.*

Так, значит надо купить картошку. = *So, we have to buy some potatoes.*

Картошку вкусно жарить на подсолнечном масле. = *It's tasty to fry potatoes in sunflower oil.*

Подсолнечное масло есть? = *Do we have any sunflower oil?*

Подсолнечное масло есть. = *Yes, we have some sunflower oil.*

Чай есть? = *Do we have any tea?*

Чая нет. = *We don't have any tea.*

Так, пишу: купить чай. = *So, I am writing down: 'buy some tea.'*

Сахар есть? = *Do we have any sugar?*

Сахара нет. = *There is no sugar.*

Так, купить сахар. = *So: 'buy some sugar.'*

А соль у нас есть? = *Do we have any salt?*

Да, соль есть. = *Yes, we have some salt.*

Макс, у нас нет колбасы. = *Max, we don't have any sausage.*

Колбаса дорогая. = *Sausage is expensive.*

У нас есть консервы. = *We have some canned food.*

Кстати, какие консервы у нас есть? = *By the way, what kind of canned food do we have?*

У нас есть одна банка кильки в томате. = *We have one can of sprats in tomato sauce.*

Килька в томате - это очень хорошо, но одна банка - это мало. = *Sprats in tomato sauce sounds good, but one is not enough.*

Надо купить ещё две. = *We should buy two more.*

Макс, надо купить что-нибудь к чаю. = *Max, we should buy something for tea.*

Да, к чаю можно купить печенье. = *Yes, we can buy some cookies for the tea.*

Надо купить два батона и варенье. = *We should buy two baguettes and some jam.*

Отлично! Всё пора идти в магазин, потому что у меня уже слюнки текут. = *Perfect! That's it! It's time to go to the store, because my mouth is watering.* (Literally: saliva is running.)

Да, пора. Я тоже голодный. = *Yes, it's time. I am also hungry.*

Indirect Speech

We use indirect speech when we retell a story. Indirect speech is very often accompanied by the words 'say' or 'tell'.

Что говорит Игорь? = ***What** is Igor saying?*

Игорь говорит, **что** надо купить вино, потому что у нас нет вина. = *Igor is saying **that** we have to buy some wine, because we don't have any wine.*

Notice that in the first sentence the word **что** is translated as **what**, and in the second sentence it is translated as **that**.

Один

You already know the Russian word **один** in the meaning of **one**.

But in Russian it has also another use.

> Я сейчас сижу дома одна. = *At the moment I am sitting at home alone.*

> Мой дедушка живёт один, потому что моя бабушка умерла два года назад. = *My grandpa lives alone, because my grandma passed away two years ago.*

> Мы одни знали, что Павел не придёт. = *We were the only ones who knew that Pavel would not come.*

As you see, the word **один** agrees with a noun it describes in gender, as it always does.

Надо

The Russian word **надо** is an adverb. It can be translated into English as: it is necessary to, have to, should, must.

A good thing about adverbs is that they don't decline – they are always the same.

One thing you have to pay attention to is that you can use the word **надо** with or without a subject.

> Надо купить чай. = *We should buy tea.* (Literally: necessary to buy tea, even though it's not necessary, we just should buy it.)

> Свете[3] надо заниматься. = *Sveta has to study.*

In other words, the word **надо** is often translated as **should** or **have to**, but the grammatical usage of it is similar to **it is necessary to**.

Masculine and Neuter Demonstrative Pronouns in Prepositional

Demonstrative Pronouns: этот, эта, это, тот, та, то (this, these, that, those) describe the noun. Therefore, they are always in agreement with the noun.

So, when a Demonstrative Pronoun in the Prepositional Case describes a masculine or neuter noun, it takes on the **ом** ending. In this lesson we will practice only masculine and neuter Personal Pronouns.

---

[3] The subject takes Dative Case when we use the adverb **надо**.

Prepositional Masculine and Neuter Demonstrative Pronouns

Nominative		Prepositional **ом/ем**
	этот стул	на эт**ом** стуле
	тот человек	о т**ом** человеке

Дмитрий думал о том проекте, который они не закончили. = *Dmitry was thinking about the project which they did not finish.*

Урок 6

Prepositional Feminine Adjectives

Feminine adjective takes on the **ой** or **ей** ending in the Prepositional Case.

Prepositional Feminine Adjectives

	Nominative	Prepositional **ой/ей**
	большая компания	о больш**ой** компании
	синяя машина	в син**ей** машине
	Красная площадь	на Красн**ой** площади

As you might notice from the table, the noun **площадь** has **и** ending in the Prepositional Case. This is because it ends in a soft sign.

So, feminine nouns that end in a soft sign take **и** ending in the Prepositional Case.

дверь ⟶ на двери (on the door)

тень ⟶ в тени (in the shade)

Глагол **находиться**. = *Kremlin is located on the Red Square in Moscow.*

A Guy in Checkered Shirt /Translation

Парень в клетчатой рубашке = *A guy in a checkered shirt.*

Светлана живёт в большом многоэтажном доме на Садовой улице. = *Svetlana lives in a multistory building on Sadovaya Street.*

Её подруга, Юля, живёт в соседнем подъезде. = *Her girlfriend, Yuliya, lives in the next doorway section.*

172

У них в доме шесть подъездов. = *They have 6 sections in their apartment building.*

Света живёт во втором подъезде, а Юля - в первом. = *Sveta lives in the apartment building doorway number 1 and Yulya in the doorway number 2.*

Их школа находится на соседней Инженерной улице, поэтому Света и Юля ходят в школу пешком. = *Their school is located on the neighboring Engineer street, so Sveta and Yulya walk* (go by foot) *to school.*

Иногда Света звонит Юле, иногда Юля звонит Свете. = *Sometimes Sveta calls Yulya, sometimes Yulya calls Sveta.*

Потом они встречаются около подъезда и идут вместе в школу. = *Then they meet at the doorway and go to school together.*

Света с Юлей учатся в специализированной английской школе номер 235. = *Sveta and Yulya study at school number 235, which specializes in English.*

Их уроки начинаются в 8.30. = *Their classes start at 8.30 AM.*

Дети учатся пять дней в неделю. = *Children go to school 5 days a week.*

Каждый день у них разное расписание. = *Every day they have a different schedule.*

В понедельник, среду и пятницу у них пять уроков, а во вторник и в четверг - шесть. = *On Monday, Wednesday and Friday they have 5 classes, and on Tuesday and Thursday 6.*

На шестом уроке у них физкультура. = *The sixth period is Physical Education.*

Where Is Fairness?/Translation

Привет, Света. Сколько ты вчера сочинение писала? = *Hi, Sveta. For how long were you writing your essay yesterday?*

Я потратила 3 часа. Ужас! = *I spent 3 hours. It's Terrible!*

И не говори. Жизни нет! = *Don't mention it. I have no life!*

Я тоже вчера 2 часа писала сочинение, 2 часа делала математику, час биологию, час физику и два часа зубрила английский! = *I was also writing my essay for 2 hours, doing Math for 2 hours, biology for an hour, physics for an hour and was cramming for a test for 2 hours!*

Ой, смотри, кто это? Это Макс? = *Oh, look, who is that? Is it Max?*

Где? = *Where?*

Вон там, видишь, парень в клетчатой рубашке? = *Over there, do you see that guy in a checkered shirt?*

Да, это Макс, точно Макс. = *Yes, it's Max, sure, it's Max.*

Только у него волосы синие. Класс! = *But he has blue hair. Cool!*

Он на прошлой неделе он бровь проколол. = *He pierced his eyebrow last week.*

Его друг Сашка Иванов тоже проколол бровь. = *His friend Sashka Ivanov also pierced his eyebrow.*

Да, я видела, у Макса на правой брови серьга, а у Сашки на левой. = *Yes, I saw Max has a piercing on the right eyebrow, and Sashka on his left one.*

А мне отец сказал: проколешь себе[4] что-нибудь – домой не приходи. = *And my father said: You pierce something - don't come home!*

Ну где справедливость? = *And where is the fairness?*

И не говори. = Don't even mention it.

Verb 'находиться'

находиться = *to be located*

Take a look at the following sentences in order to understand how the verb **находиться** is used in Russian.

Я сейчас нахожусь в магазине. = *I am at the store now.*

Где находится музей? = *Where is the museum?*

Музей находится в центре города. = *Museum is in downtown.*

Pronoun 'который'

The pronoun **который** agrees with the noun, which it replaces, in gender, number, and case. It declines like an adjective.

Let's take a look at the sentences bellow.

Это мой дом. Я живу **в нём**. = This *is my house. I live in it.*

---

[4] *The pronoun* **себя** *will be explained in the next lesson.*

в нём = *in it* (Prepositional)

Это дом, **в котором** я живу. = *This is the house where I live.* (Literally: This is the house in which I live.)

в котором = *in which* (Prepositional)

The pronoun **в котором** replaces the pronoun **в нём** that stands for the noun **дом** (masculine, singular). The pronoun **в нём** is in the Prepositional Case, therefore, **в котором** has to be in the Prepositional Case too.

Урок 7

Preposition 'при'

There are 4 prepositions that stand for the Prepositional Case. You already know 3 of them: **на, в, о/об.** Let's learn the last one.

при = on/at/with

The preposition **при** literally means in the area of.

При ком? = *At whom? In the presence of whom?*

При чём? = *At what? In the area of what?*

При школе есть бассейн. = *There is a swimming pool at school.* (Meaning that school offers extracurricular activities)

При ком дети сидят тихо? = *When children are quiet?*

При учителе дети сидят тихо и слушают. = *In the presence of the teacher the children usually sit quietly and listen.*

При вас есть паспорт? = *Do you have your passport with you?*

Recommendation: Learning how to use prepositions correctly is not an easy task in any language. For example, in English they say: in the morning, on Sunday morning, at night. So, go step by step, learning each expression.

Sveta Preparing for Test/Translation

Это Светлана. Она учится в школе. = *This is Svetlana. She goes to school.*

Она учится в последнем двенадцатом классе. = *She is in the last 12th grade.* (She is a senior).

Света хочет поступить в универсtitет на филологический факультет. = *Sveta wants to go to the University to the Philology department (major in philology).*

Она очень любит языки. = *She really loves languages.*

Светлана хорошо говорит по-английски. = *Svetlana speaks English well.*

Сейчас она учит испанский. = *Now she is studying Spanish.*

Она ходит на курсы при университете. = *She attends language classes at the University.*

У Светланы есть дядя, который живёт в Мадриде. = *Svetlana has an uncle who lives in Madrid now.*

Она обещала дяде, что в следующем году она будет разговаривать с ним на испанском. = *She promised her uncle that next year she would speak Spanish to him.*

В прошлом году, когда дядя приезжал в гости в Россию, он учил Свету говорить по-испански. = *Sveta's uncle taught her some Spanish last year, when he was visiting Russia.*

Завтра у Светланы экзамен по истории. = *Tomorrow Svetlana has an exam in History.*

За окном солнце, хорошая погода, но Света должна готовиться к экзамену. = *It's sunny outside, the weather is nice, but Sveta must get ready for the test.*

Учить/учиться

There are 2 verbs that need to be practiced more:

учить = *to learn, to study something*

учить = *to teach somebody*

учиться = *to study (at school, by yourself. etc.)*

> В этом году мы учим биологию, а в следующем году будем учить анатомию.
> = *This year we study biology, and next year we will study anatomy.*
>
> Папа учит сына ездить на велосипеде. = *Dad teaches his son riding a bike.*
>
> Мой брат учится в университете. = *My brother studies at the university.*

I Am Studying/Translation

Светик, привет. Что делаешь? = *Svetik, hi! What are you up to?*

Учусь. Историю зубрю. = *Studying. Cramming for the History test.*

А-а. Ты сегодня вечером идёшь с нами на дискотеку? = *Ah-h. Are you going to the dance (discotheque) with us tonight?*

Нет, я не иду. У меня завтра экзамен по истории. = *No, I am not going. I have a test in History tomorrow.*

А с кем ты идёшь? = *Whom are you going with?*

Ну с нами идёт Ира Белова, Макс и Юрка. = *Well, Ira Belova is coming with us, Max and Yurka.*

А где дискотека? = *Where is the dance (discotheque)?*

В «Магеллане». = *At "Magellan".*

А что такое «Магеллан»? Где это? = *And what is "Magellan"? Where is it?*

«Магеллан» - это танцевальная студия на Зелёной улице. = *"Magellan" is a dance studio on Green Street.*

Там днём занятия, а вечером дискотека. = *They have classes there during the day and a dance (discotheque) at night.*

Там музыка классная. = *The music is cool there.*

Михаил, твой сосед, там работает диск жокеем. = *Mihail, your neighbor, works as a DJ there.*

Так ты идёшь? = *So are you coming?*

Хочу, но не могу. Мне надо заниматься. = *I want to but I can't. I need to study.*

Ну ладно, пока. Увидимся завтра. = *Oh well, bye. See you tomorrow.*

Пока. = *Bye.*

Dative Personal Pronouns

Let's learn the last group of Personal Pronouns – the Dative ones.

Dative Personal Pronouns

я	ты	он/оно	она	мы	вы	они
мне	тебе́	ему́	ей	нам	вам	им

Кому ты звонишь? = *Whom are you calling?*

Я звоню маме. Я обещал **ей** позвонить. = *I am calling my mom. I've promised her.*

Reflexive Personal Pronoun 'себя'

The reflexive Personal Pronoun **себя** indicates that the action is directed towards the subject. Therefore, it does not have the Nominative form (it is never a subject). It is translated into English as oneself, herself, himself, etc.

Макс проколол **себе** бровь. = *Max pierced his eyebrow.* (Literally: Max pierced (to) **himself** eyebrow – Dative)

Я смотрю на **себя** в зеркало. = *I am looking at **myself** in the mirror.* (Accusative of Direction)

Они купили **себе** новую машину = *They bought a new car* (for **themselves**).

Reflexive Personal Pronoun 'себя'

я, ты, он, она, оно, мы, вы, они						
Case	Nom.	Gen.	Acc.	Dat.	Inst.	Prep.
	-	себя	себя	себе	собой	себе

As you noticed the pronoun **себя** changes only for the case (Gen., Acc., etc), but not for the person (я, ты, они, etc.)

Урок 8

Grooming the Dog/ Translation

Нина, что ты сейчас делаешь? = *Nina, what are you doing now?*

Я сейчас стригу собаку. = *I am grooming my dog.*

А как часто ты её стрижёшь? = *How often do you groom it?*

Раньше мы стригли её в парикмахерской раз в два месяца, а сейчас я её стригу сама каждый месяц. = *We used to groom it in the pet saloon once in two months, but now I groom it by myself every month.*

Pronoun 'сам'

The pronoun **сам** indicates that the action is performed by an agent without any help.

Я делаю эту работу **сама**. = *I am doing this work by myself. (Female)*

Мы **сами** выращиваем помидоры. = *We grow our own tomatoes. (Plural)*

Pronoun 'сам'

он	она	оно	они
сам	сама	само	сами

As you see from the table the pronoun **сам** agrees in gender and number with the agent.

Don't confuse the pronoun **сам** with the Reflexive pronoun **себя**, even though very often both of them are translated into English as **oneself**.

Миша купил **себе** машину **сам**? = *Did Misha buy his car with his own money?* (Literally: Did he buy to **himself** a car on **his own**?)

Нет, ему родители дали деньги. = *No, his parents gave him money.*

Он **сам себе** хозяин. = *He is his own boss.*

180

Verbal Aspect

You already know three basic tenses in Russian: present, past and future. Besides the category of tense, Russian verbs have an Aspect: Imperfective and Perfective.

Imperfective Aspect - incomplete, repeated or ongoing action.

Perfective Aspect - the action has been completed successfully.

Let us take a look at the following examples:

читать/прочитать

> Мой брат много **читает** (Imp.). = *My brother reads a lot.* (repeated action)

> Я **прочитал** (Perf.) этот роман. = *I have read this novel.* (completed action: I read the novel from the beginning to the end.)

делать /сделать

> Саша, что ты сейчас **делаешь** (Imp.)? = *Sasha, what are you doing now?* (ongoing action)

> Я обещаю, что **сделаю** (Perf.) математику завтра. = I promise I will do (all tasks) Math tomorrow.

A lot of times the Perfective form is created by adding a prefix to the Imperfective Verb.

Usually Russian verbs in the dictionary are given in pairs: Imperfective and Perfective. On the http://.russianstepbystep.com/index/ website you will find the most common verbs together with examples of their use.

Verbal Aspect

Imperfective	Perfective
обедать	пообедать
учить	выучить
есть	съесть

As the **Imperfective Verb** denotes repetitive or ongoing action, it has past, present and future forms.

As the **Perfective Verb** denotes completed action, it does not have the present form. It has only past and future forms.

Polyglots /Translation

Кто такие полиглоты? = *What are polyglots?*

Полиглоты - это люди, которые знают много языков. = *Polyglots are people who know many languages.*

Много - это сколько? = *How many is many?*

Ну, по крайней мере, пять. = *At least five.*

Полиглот говорит, что он знает язык, если он говорит на нём свободно. = *A polyglot says that he knows a language if he speaks it fluently.*

В мире много полиглотов? = *Are there many polyglots in the world?*

Да, достаточно много. = *Yes, quite a few.*

Легенда гласит, что Будда знал 105 языков, а пророк Магомет знал все языки мира. = *Legend says that Buddha knew 105 languages and Prophet Mohammad knew all the languages of the world.*

Книга рекордов Гиннеса утверждает, что итальянский кардинал Джузеппе Меццофанти, который жил в прошлом веке в Ватикане, знал шестьдесят языков. = *The Guinness Book of World Records claims that Italian Cardinal Giuseppe Mezzofanti, who lived in the last century, knew 60 languages.*

А в наше время есть полиглоты? = *Are there any polyglots nowadays?*

Да, конечно, есть. = *Yes, of course, there are.*

Вот, например, в Москве живёт врач-вирусолог Вилли Мельников. = *For example, in Moscow there lives a virologist, Willy Melnikov.*

Вилли – номинант Книги рекордов Гиннеса. = *Willy is a nominee of the Guinness Book of World Records.*

Он знает 103 языка. = *He knows 103 languages.*

Это удивительно, но Вилли ещё пишет стихи, рисует и читает лекции. = *It's amazing, but Willy also writes poetry, paints and gives lectures.*

Учёные не могут объяснить феномен Вилли. = *Scientists cannot explain the Willy's phenomenon.*

Что же нужно делать, чтобы быстро выучить язык? = *What is it necessary to do to learn a language quickly?*

Будапеште жила венгерская писательница и переводчица Като Ломб, которая свободно говорила на русском, английском, немецком, испанском, итальянском, французском, польском, китайском и японском. = *In Budapest there used to live a Hungarian writer and interpreter, Kato Lomb, who fluently spoke Russian, English, German, Spanish, Italian, French, Polish, Chinese, and Japanese.*

Интересно, что она выучила эти языки уже в зрелом возрасте. = *It is interesting that she had learned those languages at a mature age.*

Като говорила, что, если вы хотите выучить язык в короткий срок, нужно: заниматься каждый день, всегда учить фразы в контексте, учить только правильные фразы и не сдаваться, если что-то не получается. = *Kato used to say that, if you want to learn a language within a short amount of time, you should: study every day, learn phrases only in the context, and don't give up, if something goes wrong.*

Урок 9

Feminine, Neuter, Inanimate Masculine Singular and Inanimate Plural Adjectives in the Accusative

It is very easy to learn the endings of feminine, neuter, masculine inanimate and inanimate plural adjectives in the Accusative. They change in a similar way as the nouns they describe. Look at the table below.

Feminine, Neuter, Inanimate Masculine Singular and Inanimate Plural Adjectives in the Accusative

Nominative		Accusative
старш**ая** дочь		старш**ую** дочь
деревянн**ая** дверь		деревянн**ую** дверь
син**яя** машина	Я смотрю на	син**юю** машину
чёрн**ый** чай		чёрн**ый** чай
красн**ое** вино		красн**ое** вино
бел**ые** розы		бел**ые** розы

You can see that feminine adjectives take the **ую/юю**[5] ending in the Accusative Case.

Наш сосед любит классическ**ую** музыку. = *Our neighbor loves classical music.*

----

[5] Remember that feminine singular nouns take the **у/ю** ending in the Accusative.

Neuter, inanimate masculine singular and **inanimate plural** adjectives in the Accusative Case **don't change their endings**.

Мы смотрим на высок**ий** дом, на зелён**ое** дерево, на деревянн**ые** скамейки. = *We are looking at the tall building, at the green tree, at the wooden benches.*

Feminine Nouns That End in Soft Sign

As you might notice, the nouns **дочь** (daughter) and **дверь** (door) has the same ending in the Nominative and in the Accusative Case. The rule is:

If a feminine noun ends in the soft sign, it does not change in the Accusative Case.

Мы помним эту тёмн**ую** дождлив**ую** ночь. = *We remember that dark rainy night.*

Security Check / Translation

На таможне = *Security check (*Literally: At the customs)

Джон Смит – бизнесмен. = *John Smith is a businessman.*

Его деловые партнеры находятся в Москве. = *His business partners are located in Moscow.*

Они пригласили Джона в гости. = *They invited him over on a business trip.*

Джон давно мечтал посетить Москву и посмотреть её достопримечательности. = *John has dreamed about visiting Moscow for a long time.*

Сейчас Джон находится в московском аэропорту Шереметьево-2. =*Right now John is at Moscow airport Sheremetyevo-2.*

Он должен пройти паспортный контроль и досмотр багажа. = *He must pass through emigration and clear customs* (Literally: He must go through passport control and inspection of baggage).

Таможенную декларацию Джон заполнил ещё в самолёте. = *John already filled out the customs form on the plane.*

У него в правой руке чемодан, а в левой - дорожная сумка. = *He has a suitcase in his right hand and a travel bag in his left.*

На левом плече у него сумка с компьютером. = *There is a laptop bag on his left shoulder.*

Ваш паспорт, пожалуйста. = *Your passport, please.*

Вот, пожалуйста. = *Here, you are.*

Господин Смит, откуда вы летите? = *Mr. Smith, where are you coming from?* (Literally: From where you flying?)

Я лечу из Сан-Франциско. = *I am coming from San Francisco.*

Какая цель визита? = *What is the purpose of the trip?*

Бизнес. = *Business.*

Вы в первый раз в Москве? = *Are you in Moscow for the first time?*

Так, посмотрим. = *Let's see.*

Вы задекларировали ваш персональный компьютер и фотоаппарат. = *You have declared your laptop* (Literally: personal computer) *and camera.*

Что в вашем чемодане? = *What do you have in your suitcase?*

Личные вещи. = *Personal belongings.*

Наркотики везёте? = *Are you carrying any drugs?*

Нет. Наркотиков нет. = *No, I don't have any drugs.*

Лекарства, продукты? = *Any medicine, food?*

Нет, лекарств нет и продуктов тоже нет. = *No, no medicine and no food.*

Валюту везёте? = *Do you have any currency on you?*

Да, у меня есть доллары. = *Yes, I have dollars.*

Рубли, евро? = *Roubles, euro?*

Нет, рублей нет и евро тоже нет. = *No, I don't have any roubles and I don't have any euro.*

Сколько долларов везёте? = *How much currency in US dollars are you carrying?*

Две тысячи. Я должен их декларировать? = *Two thousand. Should I declare it?*

Нет, две тысячи можно не декларировать. Хорошо. = *No, you don't have to declare two thousand. OK.*

Таможенник ставит штамп в паспорт Джона. = *Customs officer puts a stamp into John's passport.*

Следующий! = *Next!*

Verbs of Motion 'везти/возить'

Group1	Group2
идти́	ходи́ть
везти́	вози́ть

Group 1:

Movement in a certain direction and at a certain time:

Я сейчас везу сына в бассейн. = *At the moment I am taking my son to the swimming pool.*

Group 2:

Movement without a definite direction or in different directions:

а) a repeated, regular movement

Я всегда вожу в машине аптечку. = *I always have a Fist Aid Kit in my car.* (Literally: I always drive a Fist Aid Kit in a car).

б) a movement back and forth

Саша возит жену на работу. = *Sasha drives his wife to work (and brings her back).*

Below is the conjugation of these verbs.

Conjugation of the Verbs 'везти- возить'

Infinitive	я	ты	мы	он/она/оно	вы	они
везти	везу	везёшь	везём	везёт	везёте	везут
возить	вожу	возишь	возим	возят	возите	возят

Урок 10

Who Is Looking at Whom? / Translation

На кого смотрит молодой человек? = *At whom is the young man looking?*

Молодой человек смотрит на красивую девушку. = *The young man is looking at the beautiful girl.*

На кого смотрит девушка? = *At whom is the girl looking?*

Девушка смотрит на молодого человека. = *The girl is looking at the guy.*

Animate Masculine Adjectives in Accusative

The Accusative Case is the only one that separates animate and inanimate objects. Look at the table below and see how singular animate masculine adjectives change their endings in the Accusative Case.

Singular Animate Masculine Adjectives in the Accusative

Nominative	Accusative **ого, его**	
большой рыжий кот	Я вижу	больш**ого** рыж**его** кота
смешной синий клоун		смешн**ого** син**его** клоуна

As you see singular animate masculine objects take on the **его/ого** endings in the Accusative Case.

Я вижу смешн**ого** син**его** клоуна. = *I see the funny blue clown.*

As you remember, the singular inanimate masculine and neuter nouns as well as inanimate plural nouns don't change their endings in the Accusative Case. Therefore, the adjectives that describe those objects also don't change their endings in the Accusative Case.

Мы будем заказывать разные напитки: я буду светлое пиво, а Аня будет апельсиновый сок. = *We will order different beverages: I will take light beer and Anya will take orange juice.*

188

Possessive Pronoun 'свой'

The pronoun **свой** means **somebody's own** and it replaces all other pronouns every time the subject and the Possessive Pronoun describe the same person. Take a look at the examples:

Я не понимаю **твоего** ребёнка. = *I don't understand your child.* (The pronoun **Я** (I) describes me, and the pronoun **твоего** (your) describes you.)

Я понимаю **своего** ребёнка. = *I understand my child.* (The pronoun **Я** (I) describes me, and the pronoun **своего** (your) also describes me.)

Possessive and Demonstrative Pronouns in the Accusative

Possessive Pronouns change in the same way as adjectives.

Possessive and Demonstrative Pronouns in the Accusative Case

Nominative		Accusative	
ва́ша ма́ма		вашу ма́му	👧
э́та переда́ча		э́ту переда́чу	
свой кот	Я люблю́	своего́ кота́	🧍
э́тот челове́к		э́того челове́ка	
тот чай		тот чай	☀️🧍
то вино́		то вино́	

Public Transportation / Translation

Обще́ственный транспорт = *Public transportation.*

В каждом городе России есть общественный транспорт: трамвай, троллейбус, автобус, метро, маршрутное такси. = *Each Russian city has public transportation: a tram, a trolleybus, a bus, a metro, a minibus.*

Обычно движение транспорта начинается где-то в 5:30 утра и кончается в час ночи. *= Usually public transportation services operate sometime between 5:30 AM and 1 AM. (Literally: Usually movement of transport starts somewhere in 5:30 of the morning and finishes at one of night.)*

Большинство людей используют общественный транспорт, чтобы ехать на работу, в гости, в кино, в театр или просто погулять. *= The majority of people use public transportation to get to work, to visit their friends, to go to the movies, to the theatre or simply to go out.*

Сейчас многие семьи имеют собственные машины и могут ездить на них на работу. *= Nowadays many families have their private cars, so they can drive to work.*

Но очень часто они также используют общественный транспорт, потому что это дешевле, а иногда и быстрее. *= However, very often they also use public transportation, because it's cheaper, and sometimes faster.*

Общественный транспорт в России очень популярен. *= Public transportation is very popular in Russia.*

Обычно людей в транспорте очень много и не всегда есть место для сидения. *= Usually public transportation is overcrowded, and there is often no place to sit. (Literally: Usually there are a lot of people in public transportation and not always there is a place for sitting.)*

Многие люди стоят в транспорте. Это норма. *= Often people remain standing when in public transportation. It's common.*

В каждом городе свои тарифы на проезд в общественном транспорте. *= Each city has its own fare for using public transportation. (In each city there are their own tariffs for a trip on public transportation)*

Билет можно купить в киоске на остановке или в транспорте у водителя или кондуктора. *= You can buy a ticket in a kiosk at the stop or inside public transportation from the driver or the conductor.*

В метро нужно покупать жетоны, которые продаются в вестибюле на каждой станции метро. *= On the subway you have to buy tokens which are sold at every station.*

Есть и другие формы оплаты проезда, например, проездной билет. *= There are other ways to pay, for example, there is a special pass.*
Его тоже можно купить в киоске на остановке. *= You can also buy it in the kiosk at the stop.*

Есть проездные на месяц, на квартал, на год на 10, на 15 дней. *= There are passes for one month, for one quarter* (3 month), *for one year, for 10, 15 days.*

Проездные билеты обычно покупают люди, которые ездят каждый день и которые используют разные виды транспорта. *= People usually buy passes if they take public* *transportation every day and if they use different types of transportation.*

В общественном транспорте существует целая система льгот. = *There is a whole system of discount fare in public transportation.*

Бесплатно могут ездить пенсионеры, школьники и некоторые другие категории граждан. = *Retirees, school kids and some other categories of people have special privileges.*

Проездные билеты для студентов стоят дешевле. = *Students' passes cost less.*

On the Bus / Translation

Что обычно говорят в транспорте = *Common phrases used in public transportation* (Literally: what usually people say in transport.)

Максим сейчас едет на автобусе в университет. = *Right now Maxim is going to the University by bus.*

Он должен заплатить за проезд. = *He has to buy a ticket.* (Literally: He has to pay for a ride.)

Максим сидит далеко от водителя, поэтому он просит другого пассажира передать деньги. = *Maxim is sitting far from the driver, therefore, he is asking another passenger to pass the money.*

Передайте, пожалуйста, на билет. = *Can you, please, pass the money for a ticket?* (Literally: Pass, please, for ticket.)

Вам один? = *Do you need one?* (Literally: To you one?)

Через две минуты пассажир передаёт Максиму сдачу. = *In two minutes the passenger passes the change to Maxim.*

Пожалуйста, ваша сдача. = *Please, take your change.*

Женщина хочет выйти на следующей остановке. = *A woman wants to get off at the next stop.*

Она трогает за плечо высокого мужчину, который стоит перед ней. = *She touches the tall man, standing in front of her, on the shoulder.*

Мужчина, вы на следующей остановке выходите? = *Sir, are you getting off at the next stop?*

Да, выхожу. = *Yes, I am getting off.*

Урок 11

Appearance / Translation

Внешность – appearance

У Семёна длинное лицо, короткие светлые волосы, серые глаза, узкий длинный нос, тонкие губы, и большие уши. = *Semyon has a long face, short light hair, grey eyes, a narrow long nose, thin lips and big ears.*

А у Семёна длинные или короткие волосы? = *Does Semyon have long or short hair?*

У Семёна короткие светлые волосы. = *Semyon has short hair.*

Какой у Семёна нос: узкий или широкий? = *What type of nose does Semyon have?*

У него узкий нос. = *He has a narrow nose.*

Какое у Александра лицо? = *What type of face does Alexander have?*

У Александра круглое лицо. = *Alexander has a round face.*

Какие у него глаза? = *What kind of eyes does he have?*

У него тёмно-синие глаза. = *He has dark-blue eyes.*

Какие у него волосы? = *What type of hair does he have?*

У него кудрявые рыжие волосы. = *He has curly red hair.*

Какой у него нос? = *What type of nose does he have?*

У него широкий мясистый нос. = *He has a wide fleshy nose.*

Какие у Александра губы? = *What type of lips does Alexander have?*

У Александра полные губы. = *Alexander has full lips.*

Какие у Александра уши? = *What type of ears does Alexander have?*

У Александра уши маленькие. = *Alexander has small ears.*

Colleagues / Translation

Екатерина и Николай – коллеги. = *Yekaterina and Nikolay are colleagues.*

Они работают в небольшой рекламной компании. = *They work for a small advertising company.*

Екатерина – молодая стройная девушка. = *Yekaterina is a young slim girl.*

У неё короткие русые волосы, маленький прямой нос и яркие голубые глаза. = *She has short ash-blond hair, small straight nose and bright blue eyes.*

Екатерина работает менеджером. = *Yekaterina is a manager.* (Literally: works as a manager).

Николай – невысокий крепкий молодой человек. = *Nikolay is an athletic short (not very tall) young man.*

У него длинные тёмные волосы, большой нос и большие карие глаза. = *He has long dark hair, big nose and big brown eyes.*

Николай говорит, что у него орлиный нос, потому что он похож на своего дедушку-грузина. = *Nikolay says that he has an aquiline nose, because he takes after his Georgian grandpa.*

Николай работает дизайнером. = *Nikolay is a designer.*

Lunch Together / Translation

Катюша[6], привет! = Hi Katyusha!

Доброе утро, Коля! Как дела? = *Good morning, Kolya, how are you?*

Да всё хорошо. = *Everything is good.*

С утра немного опоздал на работу. Пробки! = *I was a little bit late for work this morning. Traffic!*

Ты что сегодня делаешь в обеденный перерыв? = *What are you doing today at lunch time?*

Сегодня столько работы! = *There is so much work today!*

Не знаю, будет ли у меня время пообедать. = *I am not sure whether I will have time for lunch today.*

---

[6] **Катюша** is a diminutive name for **Екатерина**.

Правда? А я думал, что мы вместе пообедаем. = *Really? I thought we would have lunch together.*

Ты слышала о новом кафе? = *Have you heard about the new café?*

Оно открылось на прошлой неделе. = *It opened last week.*

Называется «Домашняя еда». = (It) *is called "Home Meal".*

Оно находится на соседней улице. = *It is in the neighboring street.*

Всего пять минут пешком! = *Only a five-minute walk!*

Ой, Коля, я не знаю. = *Oh, Kolya, I don't know.*

Я в обед буду на встрече с клиентом. = *I am meeting with a client at lunch time.*

У меня с ним встреча в час. = *We have an appointment at one.*

И в кафе я очень хочу сходить. = *And I want to check out that café.*

Моя подруга тоже говорила, что там очень вкусно готовят и недорого. = *My friend also told me that the food is very tasty there and it is inexpensive.*

Я сейчас позвоню своему клиенту и попробую перенести встречу на другое время. = *I will call my client now and try to reschedule the appointment for another time.*

Отлично! Но, если ты не сможешь перенести свою встречу, то я куплю тебе обед и принесу его прямо в офис. = *Perfect! But, if you are not able to reschedule your appointment, I will buy you lunch and bring it directly to your office.*

Коля, ты настоящий друг! Спасибо. = *Kolya, you are a real friend! Thank you!*

Я знаю, что я хороший. = *I know that I am a good person.*

Но ты, если будешь работать 8 часов в день, то станешь начальником и будешь работать 12 часов в день! = *But if you work 8 hours a day, you will become a boss and will work 12 hours a day!*

Ха-ха-ха! Да, так и будет. = *Ha-ha-ha! Exactly, that what is going to happen.* (Literally: Yes, (it) so will be.)

Позвони мне, если сможешь перенести встречу. = *Call me, if you are able to reschedule the appointment.*

Хорошо, я сейчас позвоню клиенту, а потом позвоню тебе. = *Ok, I will call the client now and then I will call you back.*

Хорошо, я буду ждать твоего звонка. Пока! = *Ok, I will wait for your call. Bye!*

Short Form Adjective 'похож'

In the previous levels you learned about Short Form Adjectives: **готов**, **должен, нужен**, etc.

Let us learn another Short Form Adjective: **похож**.

> похож = *resembling, alike*

With the Short Form Adjective **похож** we use the preposition **на** and the **Accusative Case** for the **word** to which you are **comparing**.

> Сын похож **на** своего **отца**. = *The son takes after his father.*

> Дочь похожа на свою **мать**. = *The daughter looks like her mother.*

> Эти две вещи похожи. = *These two things are alike.*

Resemblance/ Translation

На кого похожа собака? = *Who does the dog look like?*

Собака похожа на своего хозяина. = *The dog looks like its master.*

У неё такой же длинный нос и такие же длинные ноги. = *It has the same long nose and the same long legs.*

Дочь похожа на свою мать. = *The daughter takes after her mother.*

У неё такие же светлые волосы, такой же курносый нос и такая же походка. = *She has the same light hair, the same turned up nose, and the same gait.*

Future Tenses

Earlier you have already learned how to form the future tense: just by using the verb **быть** (to be) + Imperfective Verb. It is called **Compound Future Tense**.

> ➤ **The Compound Future Tense** indicates that the action will be happening in the future for a while.

>> Завтра мы будем отдыхать весь день. = *We will be resting the whole day tomorrow.*

>> Я обещаю, что буду звонить тебе каждый день. = *I promise to call you every day.*
>> (Literally: I promise I will be calling you every day)

Another way to form the future tense is to use the Perfective form of the verb (future simple). You might notice that all Perfective Verbs don't have a present form (consult the Grammar section at the end of the book or go on the website RussianStepByStep.com – Grammar – Conjugated Verbs).

> The **Simple Future Tense** indicates that the action will be completed in the future.

Мы прочитаем вашу книгу. = *We will read your book* (from the beginning to the end).

Я позвоню тебе. = *I will call you.*

Future Tenses

Compound Future	Simple Future
Will be doing The action will be happening. Repetitive action	Will do The action will be completed. There will be result
быть + Infinitive form of Imperfective Verb	Conjugated Perfective Verb
Я буду писать тебе каждый день. = *I will be writing you every day.*	**Я напишу тебе письмо.** = *I will write you a letter.*
Сейчас я буду готовить обед, а потом я буду читать вашу статью. = *Right now I will be cooking dinner and then I will be reading your article.*	**Сейчас я приготовлю обед а потом прочитаю вашу статью.** = *Now I will cook dinner and then I will read your article* (to the end).

Урок 12

Where From? / Translation

Это Акито Танака. = *This is Akito Tanaka*

Откуда он? = *Where is he from?*

Он из Японии. = *He is from Japan.*

Из какого города Акито Танака? = *What city is he from?*

Акито Танака из Токио[7]. = *He is from Tokyo.*

Genitive Case

Let's repeat everything that we know about the Genitive Case and learn something new.

Question words for the Genitive Case:

Кого? = (of, without) Whom?

Чего? = (of, without) What?

The Genitive Case is used:

1) To describe **belonging** and relations – something of **something** or somebody of **somebody**.

Чей это кабинет? = *Whose office is this?*

Это кабинет **Николая Ивановича**. = *This is the office of Nikolay Ivanovich.*

2) To describe **negation**:

Чего нет в этом здании? = *What is missing in this building?*

В этом здании нет **лифта**. = *There is no elevator in this building.*

3) After the preposition **у** (at):

----

[7] Tokyo does not change its ending, because it has an unusual ending for a city.

У **кого** есть всё, чтобы приготовить борщ? = *Who has everything for cooking beetroot soup?*

У **Нины Петровны** есть всё, чтобы приготовить борщ. = *Nina Petrovna has everything to cook beetroot soup.*

4) When counting objects.

You have already learned about counting objects of different genders.

 If you were a good student and memorized all those endings, you are lucky, because the second line (2, 3, 4) stands for the Genitive singular, and the third line (5, 6…) stands for the Genitive plural. Look at the following examples:

> 1 книга
>
> 2, 3, 4 книги
>
> 5, 6, ... 20 книг

У меня есть две **книги**. = *I have 2 books.* (Genitive of Counting, singular)

У меня нет **книги**. = *I don't' have a book.* (Genitive of Negation)

У них есть 5 **машин**. = *They have 5 cars.* (Genitive of Counting, plural)

У них нет **машин**. = *They don't have any cars.* (Genitive of Negation, plural)

5) After the prepositions **с** and **из** = from

Мы приехали в Москву из маленького города. = *We came to Moscow from a small town.*

Саша пришёл с джазового концерта в полночь. = *Sasha came from jazz concert at midnight.*

6) After the prepositions **до** = till, to

Мне, пожалуйста, один билет **до** Москвы. = *One ticket to Moscow, please.* (till the certain point)

Пока, **до** пятницы! = *Bye, see you on Friday!*

Genitive Masculine, Neuter Adjectives and Ordinal Numerals

Look at the table below and see how adjectives and ordinal numerals change their endings in the Genitive.

Genitive Masculine, Neuter Adjectives and Ordinal Numerals

		ого, его	
Nominative		Genitive	
какой сын?	любимый сын	как**ого** сына?	любим**ого** сына
какой день?	третий день	как**ого** дня?	треть**его** дня
которое окно?	второе окно	котор**ого** окна?	втор**ого** окна
какое море?	синее море	как**ого** моря	син**его** моря

As you see, masculine and neuter adjectives and ordinal numerals take on the **ого/его** endings in the Genitive Case.

В комнате не было её **любимого сына**. = *Her beloved son was not in the room.*

Какого сына не было в комнате? = *Which son was not in the room?*

Наша дочь родилась двадцать треть**его** мая. = *Our daughter was born on the twenty third of May.*

Genitive Feminine Adjectives and Ordinal Numerals

Feminine adjectives and ordinal numerals take on the **ой/ей** endings in the Genitive Case.

Давайте выучим слова **известной русской народной песни** «Катюша». = *Let's learn the lyrics* (words) *to the famous Russian folk song "Katyusha".*

Мы выучим слова **какой** песни? = *We will learn the lyrics to what song?*

![girl]		**ой, ей**	
Nominative		Genitive	
как**ая** девочка?	маленькая девочка	как**ой** девочки?	маленьк**ой** девочки
как**ая** встреча?	первая встреча	как**ой** встречи?	перв**ой** встречи
как**ая** машина?	синяя машина	как**ой** машины?	син**ей** машины
как**ая** медаль?	третья медаль	как**ой** медали?	треть**ей** медали

Genitive Prepositions 'с' and 'из'

Both prepositions: **с** and **из** are translated into English as **from**. But, as it was mentioned earlier, you should learn the prepositions together with phrases in order to use them properly.

You already know the preposition **с** in the meaning of **with**.

> Вчера мы **с** мужем ходили в ресторан. = *My husband and I went to a restaurant yesterday.* (**Instrumental**)

If you use this preposition in the meaning of **from**, the following word should be in the Genitive.

> Ольга пришла **с** работ**ы** в 6 часов. = *Olga came from work at 6 o'clock.* (**Genitive**)

> Акито Танака **из** Япон**ии.** = *Akito Tanaka is from Japan.*

The preposition **из** is used more often in the meaning of **out of**.

> Я беру фотографию **из альбома.** = *I am taking a photo out of the album* (the photo was inside the album).

Look at the sentences with the preposition **с**.

> Я беру фотографию **со** стол**а.** = *I am taking a photo off the table* (the photo was on the surface, not inside)

> Давайте посчитаем, сколько человек в этой комнате. Начнём **с Марии.** = *Let's count how many people there are in this room. We will start with Maria.*

If you, by mistake, mix these prepositions and use the wrong one in the above sentence, it would sound funny:

> Начнём **из Марии.** = *Let's start out of Maria.*

It sounds like you want to start somewhere inside Maria's body.

On the other hand, Russians say:

> Пётр **из** большого города. = *Peter is from a big city.*

> Пётр **с** соседней улицы. = *Peter is from a neighboring street.*

Choosing Between 'с' and 'из'

Let us talk a little bit more about these two prepositions. Which one to choose? There is one useful tip. If you memorized the prepositions for the Accusative, it will be easier for you to figure out the Genitive prepositions, because:

с ➤ **на**   The Genitive preposition **с** replaces the Accusative preposition **на**.

в ➤ **из**   The Genitive preposition **из** replaces the Accusative preposition **в**.

> **Куда** идёт Игорь? = *Where is Igor going?* (To where?)

> Игорь идёт **на** почту. = *Igor is going to the post office.* (Accusative)

> **Откуда** идёт Игорь? = *Where is Igor coming from?*

> Игорь идёт **с** почты. = *Igor is coming from the post office.* (Gen.)

> Мы идём **в** театр. = *We are going to the theater.* (Acc.)

> Мы идём **из** театра. = *We are coming from the theater.* (Gen.)

At the Ticket Window / Translation

У кассы = *At the ticket window*

Николай Николаевич едет в командировку в Москву. = *Nikolay Nikolayevich is going to Moscow on a business trip.*

Сегодня четверг, а завтра пятница. = *Today is Thursday and tomorrow is Friday.*

Николай Николаевич должен быть в Москве в понедельник, но он решил приехать в Москву на два дня раньше. = *Nikolay Nikolayevich has to be in Moscow on Monday, but he decided to come to Moscow two days earlier.*

Старший брат Николая Николаевича, Семён Николаевич, живёт в Москве, и Николай Николаевич давно его не видел. = *The older brother of Nikolay Nikolayevich, Semyon Nikolayevich, lives in Moscow, and Nikolay Nikolayevich has not seen him for a long time.*

Обычно он ездит в Москву на поезде. = *Usually he goes to Moscow by train.*

Николай Николаевич сейчас стоит у окошка кассы. = *Right now Nikolay Nikolayevich is standing at the ticket window.*

Он хочет купить билет в Москву. = *He wants to buy a ticket to Moscow.*

Ticket to Moscow / Translation

Мне, пожалуйста, один билет на завтра до Москвы. = *I need one ticket to Moscow for tomorrow.*

Купе или плацкарт? = *First class or second class?*

Купе. = *First class.*

Одно купейное место на восьмое августа. Место третье, нижнее. = *One first class seat* (place) *for the 8th of August. Seat number 3* (the third seat), *lower.* (the lower seat)

Обратно на какое число? = *When are you coming back?* (Literally: Back for what date?)

На тринадцатое. = *On the 13th.*

Один купейный на восьмое августа до Москвы. = *One first class* (ticket) *on 8th of August to Moscow.*

Обратно на тринадцатое августа. 2945 рублей. = *Back on the 13th of August. 2945 rubles.*

Николай Николаевич даёт деньги кассиру. = *Nikolay Nikolayevich is giving money to the cashier.*

Пожалуйста. = *Here you are.*

Поезд № 129 Москва - Симферополь отправляется из Москвы в 7:17 со[8] второго пути. = *Train number 129 Moscow-Simferopol departs from Moscow at 7:17 from the second platform.*

Поезд № 129 Москва - Симферополь прибывает в Симферополь в 5:25. = *Train number 129 Moscow - Simferopol arrives in Simferopol at 5:25.*

---

[8] When there are more than two consonants together, you should add **о** to the preposition **с** for smooth pronunciation.

Урок 13

Prefix 'по' with Temporal Meaning

We already know some Verbs of Motion with prefix **при**: прийти, приехать, привезти. Adding different prefixes[9] to a verb changes its meaning. In this lesson we will talk about Verbs of Motion with prefix **по**.

Very often the prefix **по** defines a temporary action in time. So, if you list some temporary actions, you should use this prefix. Look at the following sentences.

> Николай пришёл домой, потом **по**ужинал, потом **по**смотрел телевизор, а потом **по**шёл спать. = *Nikolay came home, then had dinner, then watched TV for a while, and then went to bed.*

You are describing one action after another chronologically. The word **потом** indicates that you should use the Perfective form with the prefix **по**, because the action had been completed in time.

Compare it with another sentence.

> Вчера вечером Николай читал газету, смотрел телевизор, звонил брату. = *Yesterday evening Nikolay read a newspaper, watched TV, called his brother.*

Here you are just describing actions that happened yesterday without any order, without any meaning of completion.

Verbs of Position 'сидеть, садиться/сесть'

You have already learned about Verbs of Motion.

There is another special group of verbs, which is called **Verbs of Position**. They come in pairs, and each pair denotes a particular position in space.

In this lesson we will talk about one pair of these verbs:

сидеть – садиться/сесть = *to sit*

---

[9] In English the same effect can be achieved by using different prepositions: sign **in**, sign **up**, look **down**, go **on,** etc.

Verbs of Position 'сиде́ть, сади́ться/сесть'

гру́ппа 1	гру́ппа 2
Being in position	Getting into position
сиде́ть	сади́ться/сесть
сидеть на сту́ле	сади́ться/сесть на стул

As you see from the table:

The verb from the **1st** group puts the noun of place into the **Prepositional Case**.

The verb from the **2nd** group puts the noun of place into the **Accusative Case**.

Group 1:

An object is physically in a place.

> Виктор сидит на диване и читает газету. = *Victor is sitting on the sofa and reading a newspaper*. (Victor is physically on the sofa.)

Group 2:

Movement to a place.

> Виктор садится на диван, берёт газету и начинает читать. = *Victor sits down on the sofa* (he is not on the sofa yet - he is putting himself on the sofa), *takes a newspaper and begins reading.*

> Виктор сел на диван и начал читать газету. = *Victor sat down on the sofa and started reading a newspaper.* (Here we use **сесть** - Perfective form of the verb **садиться**, because Victor completed the movement of putting himself on the sofa.)

> Садитесь пожалуйста. =*Take a seat, please.* (This English translation reflects getting into position description perfectly.)

Business trip / Translation

Командировка = *Business trip*

Сегодня пятница, завтра суббота – выходной день. = *Today is Friday, tomorrow is Saturday – a day off.*

Николай Николаевич пришёл домой в 7 часов, поужинал. = *Nikolay Nikolayevich came home at 7 o'clock, then he had dinner.*

Потом он заказал такси по телефону. = *Then he called for a taxi. (ordered a taxi over the phone.)*

Когда он ужинал, позвонил его брат. = *When he was having dinner, his brother called.*

Семён Николаевич обещал встретить брата на вокзале, и поэтому он хотел знать номер вагона и номер поезда. = *Semyon Nikolayevich promised to meet his brother at the train station, which is why he wanted to know the number of the train and the number of the train car.*

В 7:30 приехало такси. = *The taxi arrived at 7:30.*

Николай Николаевич сел в такси и поехал на вокзал. = *Nikolay Nikolayevich got into the taxi and headed to the railway station.*

Когда он ехал в такси, он видел аварию: столкнулись две машины. = *When he was riding in the taxi, he saw an accident: two cars collided.*

Образовалась пробка. = *It caused traffic. (Literally: was created traffic)*

Николай Николаевич боялся опоздать на поезд. = *Nikolay Nikolayevich was afraid he would be late for the train.*

В 8:00 он приехал на вокзал. = *He arrived at the train station at 8:00 PM.*

Его поезд уже был на платформе. = *His train was already on the platform.*

Николай Николаевич сел в поезд и поехал в Москву. = *Nikolay Nikolayevich boarded the train and left for Moscow.*

See You! / Translation

Семён Николаевич звонит брату. = *Semyon Nikolayevich is calling his brother.*

Коля, привет, это я. = *Kolya, hi. It's me.*

Привет, Сёма. = *Hi Syoma.*

Ты билет уже купил? = *Have you already bought a ticket?*

Купил, купил, ещё вчера. = *Yes, yes, I already bought it yesterday.*

Какой поезд? = *Which train?*

Поезд «Соловей» номер 1064 Курск - Москва. = *The train 'Solovey', Kursk-Moscow, number*

1064.

А какой вагон? = *What is your car number?*

Седьмой. Я буду в Москве в 17:10. = *Seventh. I will be in Moscow at 5:10 PM.*

Так, седьмой вагон. Отлично! = *So, car number 7. Perfect!*

Я буду ждать тебя на платформе, братишка. = *I will be waiting for you on the platform.*
До встречи! = *See you then! (*Literally: till meeting!)

Урок 14

Genitive Demonstrative and Possessive Pronouns

Demonstrative and Possessive Pronouns decline in the same way as adjectives and ordinal numerals. Look at the following tables.

Masculine and Neuter Demonstrative and Possessive Pronouns in the Genitive

	🧑 ☀	ого, его	
Nominative		Genitive	
Какой? Который?	этот/тот человек	Какого? Которого?	этого/того человека
Какое? Которое?	это/то упражнение		этого/того упражнения
Чей?	мой/твой/свой/ваш/ наш брат	Чьего?	моего/твоего/своего, вашего/нашего брата
	его/ её/их отец		его/её/их отца
Чьё?	моё/твоё/своё/ваше/ наше здание		моего/твоего/своего, вашего/нашего здания
	его, её, их отчество		его/ её/их отчества

Feminine Demonstrative and Possessive Pronouns in the Genitive

	ой, ей		
Nominative		Genitive	
Какая? Которая?	эта/та чашка	Какой? Которой?	этой/той чашки
	моя/твоя/своя/ваша/ наша сестра	Чьей?	моей/твоей/своей/вашей/ нашей сестры
	его/ её/их подруга		его/ её/их подруги

As usual, the Possessive Pronouns for the third person (его, её, их) don't change in the Genitive Case. They remain the same for all cases.

Verbs of Motion with Prefixes

As was mentioned earlier, in Russian a lot of new verbs are created by adding a new prefix. In this lesson we will learn about Verbs of Motion with different prefixes.

You already know Verbs of Motion with the prefix **при**.

1.   The prefix **при** indicates a movement **towards** the object.

идти = to go   **прий**ти / **при**ходить = to come/ to arrive (by foot)

ехать = to go   **при**ехать / **при**езжать = to come/ to arrive (by transportation)

везти = to carry   **при**везти / **при**возить = to bring (by transportation)

The prefixed verbs from Group 1 are Perfective. They describe a motion that already happened or will happen, and it is a one way movement.

Вчера папа приехал из командировки и привёз мне подарок. = *Yesterday Dad came from a business trip and brought me a present. (Perf. – finished movement)*

2.   The prefix **в (о)** indicates a movement **into** or **onto** something.

идти (Imp.)   **во**йти (Perf.) / **в**ходить (Imp.) *to go into by foot*

ехать (Imp.)   **въ**ехать (Perf.) / **въ**езжать (Imp.) = *to go into by transportation*

209

везти (Imp.)   **в**везти (Perf.) / **в**возить (Imp.) = *to bring into*

Девушка идёт в сторону автобуса. = *The girl is going towards the bus.*

Девушка входит в автобус. = *The girl is boarding the bus.*

Девушка вошла в автобус. = *The girl boarded the bus.*

Машина въехала на парковку. = *The car pulled into a parking lot.*

The prefixed verbs from Group 2 describe a motion that happens more than once, or is happening at the moment.

3.   The prefix **вы** indicates a movement **out of** something.

идти (Imp)   **вы**йти (Perf.) / **вы**ходить (Imp.) = to go out of/ leave by foot

ехать (Imp)   **вы**ехать (Perf.) / **вы**езжать (Imp.) = to go out of/ leave by transportation

везти (Imp)   **вы**везти (Perf.) / **вы**возить (Imp.) = to take out/ get out

Девушка выходит (Imp.) из автобуса. = *The girl is getting out of the the bus.*

Девушка вышла (Perf.) из автобуса. = *The girl got out of the bus.*

Машина выехала из гаража и поехала в сторону центра. = *The car drove out of the garage and took off towards downtown.*

Вы на следующей остановке выходите? = *Are you getting off at the next stop?*

So, the verbs from Group 1 becomes Perfective when prefixed. They describe the movement that already happened or will happen, therefore they don't have the present tense (the movement either is completed or will be completed).

The verbs from Group 2 remain Imperfective, because they describe the movement in progress, repetitive or multidirectional movement.

But! There is one trick here: a verb from Group2 (repetitive or multidirectional motion), when prefixed describes both: an unfinished unidirectional motion and a repetitive or multidirectional motion.

Look at the following sentences.

Вот человек **ходит** по улице и ищет дом номер 5. = *Here is a man who is going along the street back and forth and is looking for the house number 5.* (repetitive **multidirectional** motion)

Вот **идёт** человек по улице. = *Here is a man walking along the street.* (unfinished **one way** motion)

Вот он **входит** в дом. = *Here he is entering the house.* (**one way** motion in progress)

Вот он **вошёл** в дом. = *Here he has entered the house.* (**one way** movement got finished)

Он **входил** в этот дом, но сейчас его здесь нет. = *He has been to this house, but he is not here at the moment.* (**multidirectional** motion: He came in and then left.)

Route / Translation

Маршрут = *Route*

Юрий часто ездит на работу на машине. = *Yuriy often goes to work by car.*

Вчера он стоял в пробке полтора часа и поэтому опоздал на важное собрание. = *Yesterday he got stuck in traffic for an hour and a half, and therefore he was late for an important meeting.*

Сегодня он решил поехать на общественном транспорте. = *Today he decided to take public transportation.*

Юрий вышел их дома в 8 часов и пошёл на остановку автобуса. = *Yuriy left the house at 8 o'clock and went to the bus stop.*

На остановке он ждал автобус пять минут. = *At the bus stop he waited for the bus for 5 minutes.*

Когда приехал автобус, Юрий сел в него и поехал на станцию метро. = *When the bus arrived, Yuriy boarded it and went to the subway station.*

От его дома до станции метро пять остановок на автобусе. = *There are five bus stops from his house to the subway station.*

Юрий ехал на автобусе 15 минут. = *Yuriy rode the bus for 15 minutes.*

Потом он вышел из автобуса и пошёл в сторону метро. = *Then he got off the bus and went towards* (Literally: to the side of) *the subway station.*

Юрий вошёл в вестибюль метро, купил в автомате два жетона и пошёл на платформу метро. = *Yuriy entered the subway station, bought two tokens from a token machine and headed for the platform.*

На платформе Юрий ждал поезд одну минуту. = *On the platform Yuriy was waiting for the train for one minute.*

Когда приехал поезд, Юрий сел в него и поехал. = *When the train arrived, Yuriy boarded it and took off.* (Literally: sat down in it and went (one way)).

Он ехал в метро 20 минут. = *He was riding the subway for 20 minutes.*

Потом Юрий вышел из метро и пошёл пешком на работу. = *Then Yuriy got out of the subway and walked to work.*

Он шёл 3 минуты. = *He walked for three minutes.*

Юрий пришёл в офис ровно в 9 часов. = *Yuriy arrived at the office at 9 o'clock sharp. (Literally: exactly at 9 o'clock)*

Сегодня он не опоздал на работу! = *He was not late for work today!*

Урок 15

Preparing for Vacation / Translation

Бронирование гостиницы. = *Making a hotel reservation.*

Мария и Екатерина – подруги. = *Maria and Yekaterina are friends.*

Они живут в Москве и учатся в университете на третьем курсе. = *They live in Moscow and study at the University. It is their third year.*

Сейчас у них каникулы, и девушки решили съездить в Санкт-Петербург на неделю, чтобы познакомиться ближе с историей этого города. = *They are on summer break now and they decided to go to Saint Petersburg for a week to become familiar with the history of this city.*

Мария и Екатерина уже купили билеты на поезд и собрали чемоданы. = *Maria and Yekaterina have already bought their tickets and packed their suitcases.*

У них осталась одна важная проблема – гостиница. = *There is only one important thing left – a hotel.*

Им надо найти подходящую гостиницу и забронировать номер. = *They need to find the right (the one that suits them the most) hotel and book it.*

Room for Two / Translation

Катя, как ты думаешь, мы можем себе заказать гостиницу в центре города? = *Katya, what do you think, can we book a hotel in downtown?*

Надо позвонить и узнать стоимость номера за сутки. = *We should call and find out the price* (Literally: find out the price per day (meaning 24 hours)

Думаю, что надо выбрать небольшую гостиницу. = *I think we should choose a small hotel.*

Это обычно дешевле. = *It is usually cheaper.*

Одна моя коллега в прошлом году ездила в Питер. = *One of my colleagues went to Piter last year.* (Питер is a short colloquial name for Saint Petersburg)

Она останавливалась в гостинице «Русь». = *She stayed at the hotel "Rus".*

Она говорила, что это хорошая гостиница и в центре города. = *She told us that it is a very good hotel and it is in downtown.*

Так, сейчас посмотрим в интернете телефон гостиницы «Русь». = *So, now we will look up the phone number of the hotel "Rus" on the internet.*

Так, Санкт-Петербург, гостиницы... Гостиница «Русь». Вот, пожалуйста. = *Ok, Saint Petersburg, hotels... Hotel "Rus." Here you are.*

Маша набирает телефонный номер гостиницы «Русь». = Masha *is dialing the number for the hotel "Rus".*

Добрый день. Мы звоним вам из Москвы. = *Good afternoon. We are calling you from Moscow.*

Хотим заказать номер на неделю. Приедем завтра. = (We) *would like to book a hotel for week.* (We are) *coming tomorrow.*

Хорошо, какой номер вы хотите: стандартный или улучшенный? = *Ok, which room do you want: regular or superior?*

А сколько стоит стандартный и сколько стоит улучшенный? = *How much is the regular room and how much is the superior one?*

Стандартный номер стоит 3000 рублей в сутки. = *The standard room costs 3000 rubles per night.* (сутки = day + night = 24 hours)

Цена улучшенного номера 4000 в сутки. = *The price of the superior room is 4000 rubles.*

Секунду. Сейчас посоветуюсь с подругой. = *One second, please. I will talk to my friend.* (to ask advice from)

Катя, обычный номер - 3000, улучшенный - дороже на одну тысячу. Что будем заказывать? = *Katya, the regular room costs 3000; the superior is 1000 more. Which will we reserve?*

Давай забронируем стандартный. = *Let's book the regular one.*

Сэкономим деньги. = *We'll save money.*

Да, сэкономим деньги и походим по магазинам. = *Yes, we'll save money and go shopping.*

Так, мы хотим заказать стандартный на неделю с завтрашнего дня. = OK, *we will reserve a regular room for a week starting tomorrow.* (Literally: starting from tomorrow day)

Номер на одного или на двоих? = *A room for one or for two?*

На двоих, пожалуйста. = *For two, please.*

Вы будете завтракать в гостинице? = *Are you planning to have breakfast at the hotel?*

Если да, то стоимость проживания с завтраком на двоих 3500 рублей в сутки. = *If so, the cost of staying together with breakfast for two is 3500 rubles per night.*

Да, хорошо. = *Yes, that's fine.*

Скажите, пожалуйста, вашу фамилию, имя, отчество. = *Please tell me your last name, your first name and your patronymic.*

Кузнецова Мария Николаевна = *Kuznetsova Maria Nikolayevna.*

Мария, как будете платить? = *Maria, how will you pay?*

Наличными, если возможно. = *Cash, if it is possible.* (Literally: (with) cash if it is possible.)

Да, можно платить наличными или кредитной картой. = *Yes, you can pay with cash or a credit card.*

Хорошо. Ваш номер телефона, пожалуйста. = *OK. Your phone number please.*

8- 888- 765-56-56. Хорошо. Ждите. = *8- 888- 765-56-56. OK. Please, wait for our call.*

Через 5 минут звонит телефон. = *In 5 minutes the phone rings.*

Так. Вы забронировали двухместный номер с 18 июля по 25 июля на Марию Кузнецову. = *You have a reservation for a room for two from July the 18th through July the 25th.*

В стоимость проживания входят завтраки. = *Breakfast is included.* (Literally: in costs of staying go breakfasts)

Платить будете наличными в момент заселения. = *You will pay with cash upon arrival.* (Literally: at the moment of moving in.)

При себе вам нужно иметь паспорт. = *You should have your passport with you.*

Всего доброго. = *Have a good day!* (Literally: (I wish you of) all good)

Спасибо. До свиданья. = Thank you. Goodbye.

Всё? Ты забронировала номер? = *Done? Have you made a reservation?*

Да, с завтрашнего дня. = *Yes, starting tomorrow.*

Отлично! Я боялась, что все номера будут заняты. = *Perfect! I was afraid that all the rooms would be booked.*

Я тоже боялась, что не будет номеров. = *I was also afraid that there wouldn't be any room.*

И цена подходящая. = *And the price is reasonable.*

Я думала, что будет дороже. = *I thought (that) it would be more expensive.*

Verb 'бояться'

бояться = *to be afraid of*

This Reflexive Verb requires the Genitive Case, because it is translated as 'to be afraid **of** (something)'. You already know that, when we talk about something **of something,** we need the Genitive.

Чего боится Леночка? = *What is Lenochka afraid of?*

Леночка боится **большой собаки**. = *Lenochka is afraid of a big dog.*

Most of the time, when we talk about being afraid of something, we use plural form.

Леночка боится **собак**. = *Lenochka is afraid of dogs.*

Declension of Verb 'бояться'

Present Tense

Infinitive	я	ты	он/она/оно	вы	они
бояться	боюсь	боишься	боится	боитесь	боятся

Past Tense

Infinitive	он	она	оно	они
бояться	боялся	боялась	боялось	боялись

Урок 16

Verbs of Motion 'бежать/бегать'

Let's learn another pair of Verbs of Motion: **бежать/бегать**.

бежать/бегать = to run

Refresh your memory about the two Verbs of Motion groups.

Verbs of Motion

группа 1	группа 2
идти́	ходи́ть
ехать	ездить
везти́	вози́ть
бежа́ть	бе́гать

Group 1:

Movement in a certain direction and at a certain time:

> Собака **бежит** по улице. = *The dog is running along the street.*
>
> (unidirectional motion that is happening at the moment)

Group 2:

Movement without a definite direction or in different directions;

> Каждое утро я **бегаю** в парке. = *I run in the park every day.*
>
> (repetitive motion)

Present Tense

Infinitive	я	ты	он/она/оно	вы	они
бежать	бегу	бежишь	бежит	бежите	бегут
бегать	бегаю	бегаешь	бегает	бегаете	бегают

Past Tense

Infinitive	он	она	оно	они
бежать	бежал	бежала	бежало	бежали
бегать	бегал	бегала	бегало	бегали

Он **бежал** рядом со мной. = *He was running next to me.* (unidirectional motion that is happening at the moment)

Собака **бегала** за котом. = *A dog was chasing a cat.* (repetitive multidirectional motion)

Future Tenses

Compound Future

As you remember, the Compound Future Tense is created with the help of the verb **быть** = to be + Infinitive.

Ты будешь **бежать**. = *You will be running.* (one way, describing the moment)

Я буду **бегать**. = *I will run.* (repetitively or in different directions)

Simple Future

Simple Future for Verbs of Motion is created by adding different prefixes to the verb. A different prefix gives a verb a different meaning.

Let's take a look at the verbs **бежать/бегать** with prefix **по**.

Simple Future

Infinitive	я	ты	он/она/оно	вы	они
побежать	побегу	побежишь	побежит	побежите	побегут
побегать	побегаю	побегаешь	побегает	побегаете	побегают

А сейчас мы **побежим** вон туда. = *And now we will run over there.*

Я сейчас **побегаю** в парке, а потом мы с вами поговорим. = *I will go for a run now, and after that we will talk.* (**побегаю** = will run for a while - The motion is framed in time.)

Verbs of Motion with Prefix 'до'

Prefix **до** indicates a motion **up to** a certain point.

идти *(Imp.)*   **доходить** *(Imp.)* / **дойти** *(Perf.)* = to reach, to come up to a point by foot

ехать *(Imp.)*   **доезжать** *(Imp.)* /**доехать** *(Perf.)* = to reach/ to come up to a point by transportation

везти *(Imp.)*   **довозить** *(Imp.)* /**довезти** *(Perf.)* = to bring to some place

Мы **доехали** до Москвы за 6 часов. = *We drove up to Moscow in 6 hours.*

бежать *(Imp.)*   **добегать** *(Imp.)* /**добежать** *(Perf.)* = to run up to a certain point

От своего дома до работы я **доезжаю** за полчаса, если нет пробок. = *By car and without traffic I can get from my house to work in half an hour.*

Both prepositions: **от** and **до** require the Genitive Case.

Run up to the Point / Translation

Как ты думаешь, сколько метров отсюда до того дерева. = *What do you think: how far is it from here to that tree?*

Я думаю, что я добегу до того места за 5 минут. = *I think I will run up to that point in 5 minutes.*

А я думаю, что я смогу это сделать быстрее - я добегу до того дерева за 2 минуты! = *I think I will be able to do it faster – I will run up to that tree in 2 minutes!*

Я каждый день бегаю 10 километров. = *I run 10 kilometers every day.*

Раньше, когда мы жили рядом с парком, я тоже больше бегала, а сейчас я очень много езжу. = *Back in the day, when we lived next to the park, I used to run more, but now I use transportation a lot.*

А куда ты ездишь? = *And where do you go?*

Ну я два раза в день езжу на лифте, в выходные мы с хозяином ездим на дачу, а в прошлую субботу мы ездили в деревню. = *Oh, I take (ride) an elevator twice a day, on the weekends my master and I go to the country house, and last Saturday we went to the village.*

У нас в деревне бабушка. = *Our grandma lives in a village.*

Вот это был класс! = *It was so cool!*

Я там бегала за котом целый день. = *I was chasing a cat there the whole day!*

Я тоже люблю бегать за котами. = *I also like chasing cats.*

From My House to My Work / Translation

Коля, ты живёшь далеко отсюда? = *Kolya, do you live far from here?*

От моего дома до моей работы полчаса на машине, если нет пробок. = *It's half an hour by car from my house to my work, if there is no traffic.*

А если есть пробки? = *And with traffic?*

А если есть пробки, то полтора часа. = *With traffic it is an hour and a half.*

А если на общественном транспорте? = *And by public transportation?*

Ну, на общественном транспорте быстрее. = *Well, by public transportation it is faster.*

И не надо думать о парковке. = *And you don't have to think about parking.*

Да, это правда. = *Yes, that's true.*

А ты как ездишь на работу? = *And you? How do you get to work?*

В прошлом году, когда я только купила новую машину, я всё время ездила на работу на машине. = *Last year, when I had just bought a new car, I drove to work all the time.*

Вождение по городу — это стресс, особенно зимой. = *Driving in the city is stressful, especially in wintertime.*

Сейчас я езжу на работу на метро. = *Now I go to work by metro.*

От моего дома до работы всего 15 минут на метро. = *It's only 15 minutes from my house to work by metro.*

Я выхожу из дома в 8:30, и через полчаса я на работе. = *I leave the house at 8:30, and in half an hour I am at work.*

Очень удобно. = *Very convenient.*

И, как ты сказал, не надо думать о парковке. = *And, as you said, you don't have to think about parking.*

Аудиотексты

Первый урок

1 Слушайте!

Прохожий:	Скажите, пожалуйста, который час?
Елена:	Сейчас семнадцать часов двадцать две минуты.
Прохожий:	Извините, сколько минут?
Елена:	Двадцать две минуты. О! уже двадцать три минуты. Да, сейчас семнадцать часов двадцать три минуты.
Прохожий:	Спасибо.
Елена:	Не за что.

2 А теперь слушайте и повторяйте! (Аудио трек 1)

Хорошо!

3 Поговорим! Упражнение 2

22 часа: 22 часа – это десять часов вечера.

15 часов: 15 часов – это три часа дня.

18 часов: 18 часов – это шесть часов вечера.

12 часов: 12 часов – это двенадцать часов дня, или полдень.

24 часов: 24 часов – это двенадцать часов ночи, или полночь.

3 часа: 3 часа – это три часа ночи.

5 часов: 5 часов – это пять часов утра.

16 часов: 16 часов – это четыре часа дня.

11 часов: 11 часов – это одиннадцать часов утра.

19 часов: 19 часов – это семь часов вечера.

1 час: 1 час – это час ночи.

Замечательно!

4 Слушайте!

Игорь – очень хороший программист. Часто вечером он сидит у компьютера. Его жена Ольга не любит, когда он часами сидит у компьютера. Она хочет, чтобы муж работал на работе, а дома чтобы был с женой.

5 А теперь слушайте и отвечайте!

Игорь – хороший программист? Да, Игорь – очень хороший программист.

Что он часто делает вечером? Он часто вечером сидит у компьютера.

Что не любит Ольга? Ольга не любит, когда он часами сидит у компьютера.

Хорошо!

6 Слушайте!

Ольга: Игорь, ты уже сидишь у компьютера 4 часа.

Игорь: Который час?

Ольга: Сейчас уже 10 часов. Ты пришёл домой в 6 часов, поел за 15 минут и всё. Тебя как будто нет дома. Как будто у меня нет мужа.

Игорь: Мы в четверг были в театре.

Ольга: Но это же раз в месяц! А я хочу каждый день с тобой разговаривать, обсуждать наши проблемы.

Игорь: У тебя есть проблемы? Какие проблемы ты хочешь со мной обсуждать?

Ольга: Ну, это я так сказала. Я просто хочу с тобой разговаривать.

Игорь: О чём ты хочешь со мной разговаривать?

Ольга: Ну, например, что ты сейчас там читаешь в интернете?

Игорь: Я сейчас читаю статью о компиляторе. Хочешь разговаривать о компиляторе?

Ольга: О, нет, о компиляторе точно не хочу. Вчера звонила твоя мама. Она пригласила нас в гости в субботу.

Игорь: Зачем?

Ольга: Игорь, зачем люди ходят в гости? Чтобы общаться!

7 А теперь слушайте и отвечайте на вопросы!

Когда Игорь сегодня пришёл домой? Игорь сегодня пришёл домой в 6 часов.

Сколько он уже сидит у компьютера? Он уже сидит у компьютера 4 часа.

Когда Ольга с Игорем были в театре? Ольга с Игорем были в театре в четверг.

Игорь сейчас читает статью о компиляторе? Да, Игорь сейчас читает статью о компиляторе.

Эта статья в книге? Нет, эта статья не в книге.

Где эта статья? Это статья в интернете.

Что хочет Ольга? Ольга хочет разговаривать с мужем.

Кто звонил вчера? Вчера звонила мама Игоря.

Зачем люди ходят в гости? Люди ходят в гости, чтобы общаться.

Очень хорошо!

8 Поговорим! Упражнение 3

Глагол быть: он был, она была, оно было, они были

Мы с мужем сейчас в ресторане «Астория». Вчера мы с мужем были в ресторане «Астория».

Директор в офисе. Вчера директор был в офисе.

Бабушка дома целый день. Вчера бабушка была дома целый день.
Вино в холодильнике. Вчера вино было в холодильнике.

Деньги в банке. Вчера деньги были в банке.

Стол здесь. Вчера стол был здесь.

Моё место вон там. Вчера моё место было вон там.

Ваша машина под окном. Вчера ваша машина была под окном.

Их вещи в комнате. Вчера их вещи были в комнате.

Сегодня море такое синее! Вчера море было такое синее!

Наши сотрудники сейчас на собрании. Вчера наши сотрудники были на собрании.

Моя дочь в колледже. Вчера моя дочь была в колледже.

Замечательно!

9 Поговорим! Упражнение 5

Вчера я ходила на день рождения к подруге. Вчера я была на дне рождения у подруги.

Утром мои коллеги ходили на собрание. Утром мои коллеги были на собрании.

Позавчера дедушка ходил на базар. Позавчера дедушка был на базаре.

Оля, куда ты ходила? Оля, где ты была?

Игорь с Ольгой вчера вечером ходили в ресторан. Игорь с Ольгой вчера вечером были в ресторане.

Вчера я не ездил на работу. Вчера я не был на работе.

В четверг дети ездили в музей. В четверг дети были в музее.

В субботу Виктор Сергеевич ездил на дачу. В субботу Виктор Сергеевич был на даче.

Ирина Александровна, куда вы ездили вчера? Ирина Александровна, где вы были вчера?

Сегодня в 8 утра я ездил с другом в бассейн. Сегодня в 8 утра я с другом был в бассейне.

Мы с женой в пятницу вечером ходили в кино. Мы с женой в пятницу вечером были в кино.

Отлично!

Второй урок

10 Слушайте и повторяйте!

готов

он готов, она готова, оно готово, они готовы

Когда будет готов суп? Он уже готов.

Рыба готова? Да, рыба тоже готова.

Напитки тоже готовы? Да, напитки тоже готовы. Всё готово.

Хорошо!

11 Поговорим! Упражнение 6

Ирина/7 часов утра: Ирина была готова в семь часов утра.

Ты (мужчина) /5 часов утра: Ты был готов в пять часов утра.

Игорь с Ольгой/вечером: Игорь с Ольгой были готовы вечером.

Дети/час дня: Дети были готовы в час дня.

Твоя машина/четверг утром: Твоя машина была готова в четверг утром.
Мой проект/понедельник: Мой проект был готов в понедельник.
Ваши документы/январь: Ваши документы были готовы в январе.
Письмо/суббота: Письмо было готово в субботу.

Вы/4 часа дня: Вы были готовы в 4 часа дня.

Наши паспорта/пятница: Наши паспорта были готовы в пятницу.

Праздничное меню/8 часов утра: Праздничное меню было готово в 8 часов утра.

Ты (женщина) / 5 часов дня: Ты была готова в пять часов дня.

Замечательно!

12 Слушайте!

Это друг Игоря Саша. Он учится в университете. Саша – приятный молодой человек. У него большие серые глаза, прямой нос и русые вьющиеся волосы. Его рост 182 сантиметра. Сегодня он идёт на день рождения, поэтому на нём нарядный тёмно-серый костюм, белая рубашка, красивый галстук в тон костюма и чёрные туфли.

Саша идёт на день рождения один? Нет, он идёт на день рождения с подругой. Её зовут Марина, и она работает секретарём в школе. Марина – очень симпатичная девушка. У неё красивые голубые глаза, густые чёрные ресницы, маленький нос и длинные рыжие волосы. Её рост 160 сантиметров. Сейчас на ней голубое платье, белый лаковый пояс и белые лаковые туфли. На руке у неё серебряный браслет, а на шее серебряная цепочка с крестиком.

Марина обожает ходить в гости. Но она очень часто опаздывает, поэтому Саша обычно звонит ей заранее и напоминает о времени.

13 Слушайте!

Это друг Игоря Саша. Он учится в университете. Саша – приятный молодой человек. У него большие серые глаза, прямой нос и русые вьющиеся волосы. Его рост 182 сантиметра. Сегодня он идёт на день рождения, поэтому на нём нарядный тёмно-серый костюм, белая рубашка, красивый галстук в тон костюма и чёрные туфли.

14 А теперь отвечайте на вопросы!

Как зовут друга Саши? Друга Саши зовут Игорь.
Саша учится или работает? Саша учится.
Где учится Саша? Саша учится в университете.
Какие у Саши глаза? У Саши большие серые глаза.
Какой у него рост? У него рост 182 сантиметра.
Какого цвета у него волосы? У него русые волосы.
Куда он сегодня идёт? Он сегодня идёт на день рождения.

Отлично!

15 Слушайте!

Саша идёт на день рождения один? Нет, он идёт на день рождения с подругой. Её зовут Марина, и она работает секретарём в школе. Марина – очень симпатичная девушка. У неё красивые голубые глаза, густые чёрные ресницы, маленький нос и длинные рыжие волосы. Её рост 160 сантиметров. Сейчас на ней голубое платье, белый лаковый пояс и белые лаковые туфли. На руке у неё серебряный браслет, а на шее серебряная цепочка с крестиком.

Марина обожает ходить в гости. Но она очень часто опаздывает, поэтому Саша обычно звонит ей заранее и напоминает о времени.

16 А теперь слушайте и отвечайте!

Саша идёт на день рождения один? Нет, Саша не идёт на день рождения один.

С кем он идёт на день рождения? Он идёт на день рождения с подругой.

Как зовут его подругу? Его подругу зовут Марина.

Марина симпатичная девушка? Да, Марина очень симпатичная девушка.

Какого цвета у неё глаза? У неё голубые глаза.

У неё волосы длинные или короткие? У неё длинные волосы.

Какого цвета у неё волосы? У неё рыжие волосы.

Хорошо!

17 Слушайте!

Саша: Алло, Мариночка, это я.

Марина: А, Саша, привет. Я уже почти готова.

Саша: Почти? То есть ты ещё не готова. Когда же ты будешь готова?

Марина: Я буду готова через двадцать, нет, через тридцать минут.

Саша: Но через тридцать минут ты точно будешь готова?

Марина: Через тридцать буду готова.

Саша: Хорошо, сейчас шесть часов. В шесть тридцать я буду у тебя.

Марина: Хорошо.

Через тридцать минут Саша звонит в дверь Марине.

Марина: Ой, Саша, это ты? А который час?

Саша: Шесть тридцать, моя дорогая. И нас уже ждут. Ты же знаешь, что я очень не люблю опаздывать.

Марина: Ну ещё пять минут… нет, десять. Обещаю, через десять минут я буду готова.

18 А теперь слушайте и отвечайте!

Саша пунктуальный? Да, Саша очень пунктуальный.

Саша – пунктуальный, и поэтому он не любит опаздывать, да? Да, Саша – пунктуальный, и поэтому он не любит опаздывать.

Марина – пунктуальная? Нет, Марина - непунктуальная.

Марина – непунктуальная, и поэтому она часто опаздывает, да? Да, Марина - непунктуальная, и поэтому она часто опаздывает.

Хорошо!

19 Поговорим!

О ком думает бабушка?

Я: Бабушка думает обо мне.

Ты: Бабушка думает о тебе.

Он/оно: Бабушка думает о нём.

Она: Бабушка думает о ней.

Мы: Бабушка думает о нас.

Вы: Бабушка думает о вас.

Они: Бабушка думает о них.

Замечательно!

20 Слушайте!

Марина: Алло! Маша. Это Марина.

Маша: Привет, Маринка!

Марина: Ой, слушай, я вчера такое платье купила!

Маша: Нарядное или на каждый день?

Марина:	Я его купила на каждый день, хотя оно нарядное. На нём есть кружева и пять карманов!
Маша:	Пять карманов! Класс! А какого оно цвета?
Марина:	Оно небесно-голубое. Ты вчера видела Ларису Долину по телевизору? На ней было такое же платье!
Маша:	Ты шутишь!
Марина:	Я тебе говорю!
Маша:	А где ты его купила?
Марина:	Я его купила в универмаге… Но оно было последнее.
Маша:	Ну понятно.

21 А теперь слушайте и отвечайте!

С кем сейчас разговаривает Марина? Марина сейчас разговаривает с Машей.

Что вчера купила Марина? Марина вчера купила платье.

Какое платье она вчера купила: нарядное или на каждый день? Она вчера купила платье на каждый день.

Какого цвета это платье? Это платье небесно-голубое.

На нём есть карманы? Да, на нём есть карманы.

Сколько на нём карманов? На нём пять карманов.

А что ещё на нём есть? На нём ещё есть кружева.

Где Марина купила это платье? Марина купила это платье в универмаге.

Хорошо!

22 Задайте вопрос! Упражнение 9

Наташа всегда сидела у окна. Кто всегда сидел у окна?

Мои родители раньше работали на заводе. Кто раньше работал на заводе?

В вазе лежали фрукты. Что лежало в вазе?

Кот ходил по крыше. Кто ходил по крыше?

Моя ручка лежала в сумке. Что лежало в сумке?

Здесь были деньги. Что здесь было?

Там были люди. Кто там был?

Твой папа был у директора. Кто был у директора?

Мои ключи всегда лежали рядом с телефоном. Что всегда лежало рядом с телефоном?

Раньше здесь стоял аквариум. Что здесь раньше стояло?

Позавчера Ольга Ивановна видела Виктора Сергеевича. Кого позавчера видела Ольга Ивановна?

Здесь были Петя и Вася. Кто здесь был?

Моя бабушка раньше жила в деревне. Кто раньше жил в деревне?

Замечательно!

Третий урок

23 Слушайте!

Марина пришла с работы в 6 часов. Сейчас она сидит на диване и разговаривает с мамой. Они уже говорят 20 минут. Её мама готовит очень вкусные оладушки, и Марина хочет узнать рецепт.

Марина не очень любит готовить. Она любит ходить на дискотеки, в кино, в гости. И ещё она обожает болтать по телефону. Она может говорить по телефону часами. Марина – очень общительный человек.

У Марины есть молодой человек, Саша. Они познакомились на свадьбе Ольги и Игоря год назад. Они были свидетелями на их свадьбе. Марина была свидетельницей Ольги, а Саша был свидетелем Игоря.

Саша любит спорт. Он занимается теннисом. Раньше он играл в футбол и ходил в бассейн два раза в неделю. Но теперь у него есть девушка, и поэтому у него мало времени.

24 Слушайте!

Марина пришла с работы в 6 часов. Сейчас она сидит на диване и разговаривает с мамой. Они уже говорят 20 минут. Её мама готовит очень вкусные оладушки, и Марина хочет узнать рецепт.

Марина не очень любит готовить. Она любит ходить на дискотеки, в кино, в гости. И ещё она обожает болтать по телефону. Она может говорить по телефону часами. Марина – очень общительный человек.

25 А теперь отвечайте на вопросы!

Марина сейчас дома или на работе? Марина сейчас дома.

Когда она пришла с работы? Она пришла с работы в 6 часов.

Что она сейчас делает? Она сейчас сидит на диване и разговаривает с мамой.

Марина любит готовить? Нет, Марина не очень любит готовить.

А мама Марины хорошо готовит? Да, мама Марины очень хорошо готовит.

Отлично!

26 Слушайте!

У Марины есть молодой человек, Саша. Они познакомились на свадьбе Ольги и Игоря год назад. Они были свидетелями на их свадьбе. Марина была свидетельницей Ольги, а Саша был свидетелем Игоря.

Саша любит спорт. Он занимается теннисом. Раньше он играл в футбол и ходил в бассейн два раза в неделю. Но теперь у него есть девушка, и поэтому у него мало времени.

27 А теперь отвечайте на вопросы!

У Марины есть молодой человек? Да, у Марины есть молодой человек.

Как его зовут? Его зовут Саша.

Где они познакомились? Они познакомились на свадьбе Игоря и Ольги.

Кто был свидетелем на свадьбе Игоря и Ольги? Саша был свидетелем на свадьбе Игоря и Ольги.

А кто был свидетельницей на свадьбе Игоря и Ольги? Марина была свидетельницей на свадьбе Игоря и Ольги.

Саша любит спорт? Да, Саша любит спорт.

Чем он занимается? Саша занимается теннисом.

Саша сейчас ходит в бассейн? Нет, Саша сейчас не ходит в бассейн.

А раньше он ходил в бассейн? Да, раньше он ходил в бассейн.

Как часто он раньше ходил в бассейн? Раньше он ходил в бассейн два раза в неделю.

Отлично!

28 Слушайте диалог!

Папа:	Алло!
Марина:	Пап, привет, это я.
Папа:	Здравствуй, Мариночка. Как у тебя дела? Как на работе?
Марина:	Да всё хорошо. А как у вас дела? Как твоя спина?
Папа:	Уже гораздо лучше. Я вчера намазал ту мазь, что ты мне купила. Очень хорошая мазь. Спина уже не болит.
Марина:	Я рада, что твоя спина уже не болит. А что там мама делает?
Папа:	Мама сейчас на кухне готовит. Галя, Марина звонит!
Мама:	Ой, Мариночка, иду!
Марина:	Добрый вечер, мамочка.
Мама:	Добрый вечер, доченька. Ты уже пришла с работы?
Марина:	Да, мам, я уже дома.
Мама:	Ты уже ужинала?
Марина:	Нет ещё. Я хочу, чтобы ты рассказала мне, как готовить оладушки.
Мама:	Оладушки? Это нетрудно. У тебя мука есть?

Марина: Есть.

Мама: А кефир?

Марина: Кефир тоже есть.

Мама: Очень хорошо. Значит так: берёшь кефир, добавляешь яйцо, сахар, немножко соли, потом добавляешь муку.

Марина: А сколько кефира и сколько муки?

Мама: Кефира - стакан, а муку добавляешь постепенно и мешаешь. Тесто должно быть как густая сметана.

Марина: А сколько сахара?

Мама: Сахар по вкусу. Ну можно четверть стакана.

Марина: Хорошо.

Мама: Ну вот и всё. Потом берёшь сковородку, наливаешь подсолнечное масло, нагреваешь его и жаришь оладушки.

Марина: Спасибо, мамочка. Целую, пока.

Мама: Пока, доченька. Звони, если у тебя будут вопросы.

Марина: Хорошо.

29 А теперь слушайте и отвечайте!

Что Марина купила папе? Марина купила папе мазь.

Эта мазь помогла папе? Да, эта мазь очень помогла папе.

Мама сейчас готовит на кухне или смотрит телевизор? Мама сейчас готовит на кухне.

Мама рассказывает Марине как готовить оладушки или как готовить суп? Мама рассказывает Марине как готовить оладушки.

Марина уже ужинала? Нет, Марина ещё не ужинала.

Как зовут маму Марины? Маму Марины зовут Галя.

Замечательно!

30 Слушайте и повторяйте!

Глагол **брать**: я беру, ты берёшь, он/она/оно берёт, мы берём, вы берёте, они берут.

31 Поговорим! Упражнение 16

Что стоит в вазе? (цветы) В ней стоят цветы.

Что лежит на столе? (твой мобильный телефон) На нём лежит твой мобильный телефон.

Кто едет в автобусе? (пассажиры) В нём едут пассажиры.

Кто живёт в доме? (мои родители) В нём живут мои родители.

Что стоит на полке? (книги) На ней стоят книги.

Что лежит на бумаге? (карандаш) На ней лежит карандаш.

Что в стакане? (виноградный сок) В нём виноградный сок.

Кто был в комнате? (ваши коллеги) В ней были ваши коллеги.

Кто работал в фирме «Альянс»? (твоя подруга) В ней работала твоя подруга.

Что лежит в книге? (наша фотография) В ней лежит наша фотография.

Кто едет в лимузине? (мои соседи) В нём едут мои соседи.

Кто был на собрании? (её сотрудники) На нём были её сотрудники.

Отлично!

Четвёртый урок

32 Слушайте!

Подарок – это знак уважения к человеку. Русские обычно ходят в гости с подарками, даже если это не день рождения или какой-то другой праздник. Это может быть букет, сувенир, конфеты, торт и т.д. Конечно, есть случаи, когда можно прийти в гости без подарка. Например, если вы идёте на официальный приём, то подарок не нужен. Но сейчас мы не будем об этом говорить.

Итак, вас просто пригласили в гости, и вы не знаете, что подарить. Существуют универсальные подарки: цветы, конфеты, хороший чай или бутылка вина. Если вас пригласили на день рождения, то вы можете подарить что-то полезное, особенно, если вы знаете вкусы именинника: красивый аксессуар для планшета или подарочный сертификат в салон. Если ваш друг – любитель экстрима, то вы можете подарить ему что-то экстраординарное: например, прыжок с парашютом. Если вы спросите, можно ли дарить деньги, то ответ будет: деньги лучше не дарить. Только очень близкие друзья или родственники дарят деньги, иначе вы можете поставить человека в неудобное положение.

Нужно помнить, что когда вы идёте в гости в дом, где есть хозяйка, то обязательно нужно купить цветы, даже если именинник – мужчина. Подарок дарится мужчине, а хозяйке – цветы. Здесь есть один маленький нюанс: количество цветов должно быть нечётное: 1, 3, 5 и т. д.

Дарите друг другу подарки! Дарите друг другу хорошее настроение!

---

33 Слушайте!

Подарок – это знак уважения к человеку. Русские обычно ходят в гости с подарками, даже если это не день рождения или какой-то другой праздник. Это может быть букет, сувенир, конфеты, торт и т.д. Конечно, есть случаи, когда можно прийти в гости без подарка. Например, если вы идёте на официальный приём, то подарок не нужен. Но сейчас мы не будем об этом говорить.

---

34 А теперь отвечайте на вопросы!

Русские любят дарить подарки? Да, русские любят дарить подарки.
Русские обычно ходят в гости с подарками или без подарка? Русские обычно ходят в гости с подарками.
Какие подарки они обычно дарят, когда идут в гости? Это может быть букет, сувенир, конфеты, торт.

Есть ли случаи, когда можно прийти в гости без подарка? Да, есть случаи, когда можно прийти в гости без подарка.

Какие это случаи? Ну, например, официальный приём. На официальный приём люди ходят без подарков.

Отлично!

35 Слушайте!

Итак, вас просто пригласили в гости, и вы не знаете, что подарить. Существуют универсальные подарки: цветы, конфеты, хороший чай или бутылка вина. Если вас пригласили на день рождения, то вы можете подарить что-то полезное, особенно, если вы знаете вкусы именинника: красивый аксессуар для планшета или подарочный сертификат в салон. Если ваш друг – любитель экстрима, то вы можете подарить ему что-то экстраординарное: например, прыжок с парашютом. Если вы спросите, можно ли дарить деньги, то ответ будет: деньги лучше не дарить. Только очень близкие друзья или родственники дарят деньги, иначе вы можете поставить человека в неудобное положение.

36 А теперь слушайте и отвечайте!

Какие универсальные подарки существуют? Универсальные подарки – это цветы, конфеты, хороший чай или бутылка вина.

Можно ли дарить деньги? Деньги лучше не дарить.

Кто может дарить деньги? Деньги могут дарить близкие друзья или родственники.

Хорошо!

37 Нужно помнить, что когда вы идёте в гости в дом, где есть хозяйка, то обязательно нужно купить цветы, даже если именинник – мужчина. Подарок дарится мужчине, а хозяйке – цветы. Здесь есть один маленький нюанс: количество цветов должно быть нечётное: 1, 3, 5 и т. д.

Дарите друг другу подарки! Дарите друг другу хорошее настроение!

38 А теперь отвечайте на вопросы!

Нужно ли дарить цветы, если в доме есть хозяйка? Да, нужно дарить цветы, если в доме есть хозяйка.

А если именинник – мужчина, то нужно ли дарить цветы хозяйке? Да, конечно. Подарок дарится мужчине, а женщине дарятся цветы.

Количество цветов должно быть чётное или нечётное? Количество цветов должно быть нечётное.

Хорошо!

39 Слушайте!

Известная телеведущая Ксения Собчак сегодня много улыбалась на вечеринке. На пальце у неё было эксклюзивное кольцо, которое Ксении подарил её возлюбленный Сергей Капков. Кольцо-лягушку Сергей купил за 150 000 долларов. «Сергей просто осыпает Ксюшу подарками, - говорит подруга Ксении. - Его подарки всегда эксклюзивные и безумно дорогие, ведь у Ксюши очень требовательный вкус».

40 А теперь отвечайте на вопросы!

Кто сегодня много улыбался? Ксения Собчак сегодня много улыбалась.

Кто Ксения по профессии? Ксения - телеведущая.

У Ксении есть молодой человек? Да, у Ксении есть молодой человек.

Как его зовут? Его зовут Сергей.

Что Сергей подарил Ксении? Сергей подарил Ксении кольцо-лягушку.

За сколько Сергей купил это кольцо? Сергей купил это кольцо за 150 000 долларов.

Что говорят подруги Ксении о Сергее? Подруги Ксении говорят, что Сергей осыпает Ксению подарками.

Сергей дарит Ксении дорогие подарки или дешёвые? Сергей всегда дарит Ксении безумно дорогие подарки.

Очень хорошо!

41 Слушайте!

Майкл Дуглас - известный голливудский актёр и романтик подарил жене Кэтрин Зета-Джонс древний замок в Уэльсе, Великобритания. Старинный, удивительно красивый замок эксперты оценили в пять с половиной миллионов.

42 А теперь отвечайте на вопросы!

Кто такой Майкл Дуглас? Майкл Дуглас – известный голливудский актёр.

Кому он подарил древний замок в Уэльсе? Майкл подарил древний замок в Уэльсе жене Кэтрин Зета-Джонс.

Во сколько оценили этот древний замок эксперты? Эксперты оценили этот древний замок в пять с половиной миллионов.

Отлично!

43 Слушайте!

Самый завидный холостяк Криштиану Роналду купил подруге Ирине Шейк особняк в Мадриде, который стоит семь миллионов евро. Журналисты утверждают, что парочка уже готова свить гнёздышко.

44 А теперь слушайте и отвечайте!

Кто такой Криштиану Роналду? Криштиану Роналду – известный футболист.

У Криштиану есть жена или он холостяк? Криштиану – холостяк.

Что подарил Криштиану подруге Ирине Шейк? Криштиану подарил Ирине особняк в Мадриде.

Сколько стоит этот особняк? Этот особняк стоит семь миллионов евро.

Замечательно!

45 Посчитаем!

Слово: одно слово, два слова, пять слов

Письмо: одно письмо, два письма, пять писем

Место: одно место, два места, пять мест

Блюдо: одно блюдо, два блюда, пять блюд

Окно: одно окно, два окна, пять окон

Яйцо: одно яйцо, два яйца, пять яиц

Озеро: одно озеро, два озера, пять озёр

Солнце: одно солнце, два солнца, пять солнц

Яблоко: одно яблоко, два яблока, пять яблок

Лицо: одно лицо, два лица, пять лиц

Кресло: одно кресло, два кресла, пять кресел

Число: одно число, два числа, пять чисел

Отлично!

Пятый урок

46

Поговорим! Упражнение 22

На каком этаже живёт Антон? – 1– Антон живёт на первом этаже.

На каком этаже живёт Марина? – 4 – Марина живёт на четвёртом этаже.

На каком этаже живёт Иван Иванович? – 11 – Иван Иванович живёт на одиннадцатом этаже.

На каком этаже живём мы? – 5 – Мы живём на пятом этаже.

На каком этаже живёте вы? – 3 - Вы живёте на третьем этаже.

На каком этаже живёшь ты? – 8 – ты живёшь на восьмом этаже.

На каком этаже живут студенты? – 14 – студенты живут на четырнадцатом этаже.

На каком этаже живу я? – 23 – Я живу на двадцать третьем этаже.

На каком этаже живут Ольга с Игорем? – 2 – Ольга с Игорем живут на втором этаже.

Хорошо!

47 Слушайте!

Добрый день. Меня зовут Максим. Я живу в Санкт-Петербурге. Я студент. Я учусь в Санкт-Петербургском государственном университете на экономическом факультете. Я живу в студенческом общежитии. У нас в общежитии на каждом этаже четырнадцать комнат, две кухни, два туалета и большая рабочая комната, где всегда тихо и можно заниматься. Мы живём на третьем этаже.

Со мной в комнате также живут два парня, Сергей и Андрей. Мы хорошие друзья. Мы готовим по очереди, потому что обедать в кафе дорого. Сегодня моя очередь готовить. Но сначала надо купить продукты. Сейчас мы с Сергеем идём в магазин.

48 Слушайте!

Добрый день. Меня зовут Максим. Я живу в Санкт-Петербурге. Я студент. Я учусь в Санкт-Петербургском государственном университете на экономическом факультете. Я живу в студенческом общежитии. У нас в общежитии на каждом этаже четырнадцать комнат, две кухни, два туалета и большая рабочая комната, где всегда тихо и можно заниматься. Мы живём на третьем этаже.

49 А теперь слушайте и отвечайте на вопросы!

Максим живёт в большом городе или в маленьком? Максим живёт в большом городе.

В каком городе живет Максим? Максим живёт в Санкт-Петербурге.

Он учится в Московском университете? Нет, он учится не в Московском университете.

Он учится в Санкт-Петербургском университете? Да, он учится в Санкт-Петербургском университете.

Простите, в каком университете учится Максим? Он учится в Санкт-Петербургском университете.

Максим учится на юридическом факультете? Нет, Максим учится не на юридическом факультете.

Максим учится на экономическом факультете? Да, Максим учится на экономическом факультете.

Простите, на каком факультете он учится? Он учится на экономическом факультете.

Он живёт в гостинице или в студенческом общежитии? Он живёт в студенческом общежитии.

Хорошо!

50 Слушайте!

Со мной в комнате ещё живут два парня, Сергей и Андрей. Мы хорошие друзья. Мы готовим по очереди, потому что обедать в кафе дорого. Сегодня моя очередь готовить. Но сначала надо купить продукты. Сейчас мы с Сергеем идём в магазин.

51 А теперь отвечайте на вопросы!

Максим живёт один в комнате? Нет, Максим в комнате живёт не один.

Кто ещё живёт с Максимом в комнате? Ещё с ним в комнате живут два парня.

Извините, сколько ещё парней живёт с Максимом в комнате? Ещё с Максимом в комнате живут два парня.

Как их зовут? Их зовут Андрей и Сергей.

На каком этаже живут Максим, Андрей и Сергей? Максим, Андрей и Сергей живут на третьем этаже.

Они обычно обедают в кафе? Нет, они обычно не обедают в кафе.

Почему они не обедают в кафе? Они обычно не обедают в кафе, потому что обедать в кафе дорого.

Куда сейчас идут Максим с Сергеем? Максим с Сергеем сейчас идут в магазин.

Они хотят купить книги? Нет, они не хотят купить книги.

Что они хотят купить в магазине? Они хотят купить продукты в магазине.

Отлично!

52 Слушайте диалог!

Максим: Серёга, давай решим, что надо купить. Картошка у нас есть?

Сергей: Нет, картошки нет.

Максим: Так, значит надо купить картошку. Картошку вкусно жарить на подсолнечном масле. Подсолнечное масло есть?

Сергей: Подсолнечное масло есть.

Максим: Чай есть?

Сергей: Чая нет.

Максим: Так, пишу: купить чай. Сахар есть?

Сергей: Сахара нет.

Максим: Так, купить сахар. А соль у нас есть?

Сергей: Да, соль есть. Макс, у нас нет колбасы.

Максим: Колбаса дорогая. У нас есть консервы. Кстати, какие консервы у нас есть?

Сергей: У нас есть одна банка кильки в томате.

Максим: Килька в томате – это очень хорошо. Но надо купить ещё две, потому что одна банка – это мало.

Сергей: Макс, надо купить что-нибудь к чаю.

Максим: Да, к чаю можно купить печенье.

Сергей: Надо купить два батона и варенье.

Максим: Отлично! Всё, пора идти в магазин, потому что у меня уже слюнки текут.

Сергей: Да, пора. Я тоже голодный.

53 А теперь отвечайте на вопросы!

С кем разговаривает Максим? Максим разговаривает с Сергеем.

У них есть картошка? Нет, у них нет картошки.

Максим говорит, что надо купить картошку, потому что у них нет картошки, да? Да, Максим говорит, что надо купить картошку, потому что у них нет картошки.

У них есть чай? Нет, у них нет чая.

Максим говорит, что надо купить чай, потому что у них нет чая, да? Да, Максим говорит, что надо купить чай, потому что у них нет чая.

У них есть сахар? Нет, у них нет сахара.

Максим говорит, что надо купить сахар, потому что у них нет сахара, да? Да, Максим говорит, что надо купить сахар, потому что у них нет сахара.

У них есть консервы? Да, у них есть консервы.

Какие консервы у них есть? У них есть килька в томате.

Сколько банок кильки в томате у них есть? У них есть одна банка кильки в томате.

Что они хотят купить к чаю? Они хотят купить к чаю два батона и варенье.

Сколько батонов они хотят купить к чаю? Они хотят купить к чаю два батона.

Отлично!

54 Поговорим! Упражнение 23

он один, она одна, они одни

Обычно Ольга ходит в театр с Игорем. Сегодня Ольга идёт в театр одна.

Обычно мы ходим в кино с друзьями. Сегодня мы идём в кино одни.

Обычно Ирина ходит на дискотеку с Сашей. Сегодня Ирина идёт на дискотеку одна.

Обычно мама ездит на работу с папой. Сегодня мама едет на работу одна.

Обычно вы ездите в банк с Олегом Петровичем. Сегодня вы едете в банк одни.

Обычно ты, Иван, работаешь с Борисом. Сегодня ты работаешь один.

Обычно Нина Петровна ходит на рынок с соседкой. Сегодня Нина Петровна идёт на рынок одна.

Обычно я, Наташа, работаю в кафе с коллегами. Сегодня я работаю одна.

Очень хорошо!

55

Поговорим! Упражнение 24

глагол заниматься

Света/языки: Свете надо заниматься языками.

Максим/футбол: Максиму надо заниматься футболом.

Юрий/теннис: Юрию надо заниматься теннисом.

Леночка/балет: Леночке надо заниматься балетом.

Пётр/математика: Петру надо заниматься математикой.

Сергей/физика: Сергею надо заниматься физикой.

Ирина/гимнастика: Ирине надо заниматься гимнастикой.

Сергей Иванович/бизнес: Сергею Ивановичу надо заниматься бизнесом.

Отец/сын: Отцу надо заниматься сыном.

Замечательно!

Шестой урок

56

Поговорим! Упражнение 27

Это новая школа. Саша учится … Саша учится в новой школе.

Это Садовая улица. Я живу на … Я живу на Садовой улице.

Это маленькая страна. Он сейчас живёт … Он сейчас живёт в маленькой стране.

Это очень известная актриса. Я говорю об … Я говорю об очень известной актрисе.

Это хрустальная ваза. Цветы стоят в … Цветы стоят в хрустальной вазе.

Это гостиная. Телевизор стоит в … Телевизор стоит в гостиной.

Это левая рука. У Бориса часы на … У Бориса часы на левой руке.

Это синяя немецкая машина. Он ездит на … Он ездит на синей немецкой машине.

То итальянская опера. Мы говорим об … Мы говорим об итальянской опере.

Это автобусная остановка. Люди стоят на … Люди стоят на автобусной остановке.

Это детская площадка. Дети играют на … Дети играют на детской площадке.

То была очень хорошая выставка. Мы были на … Мы были на очень хорошей выставке.

Это его младшая сестра. Ты говоришь о … Ты говоришь о его младшей сестре.

Это большая деревянная дверь. Плакат висит на … Плакат висит на большой деревянной двери.

Очень хорошо!

57 Слушайте!

Светлана живёт в большом многоэтажном доме на Садовой улице. Её подруга, Юля, живёт в соседнем подъезде. У них в доме шесть подъездов. Света живёт во втором подъезде, а Юля – в первом. Их школа находится на соседней Инженерной улице, поэтому Света и Юля ходят в школу пешком. Иногда Света звонит Юле, иногда Юля звонит Свете. Потом они встречаются около подъезда и идут вместе в школу.

Света с Юлей учатся в специализированной английской школе номер 235. Их уроки начинаются в 8:30. Дети учатся пять дней в неделю. Каждый день у них разное расписание. В понедельник, среду и пятницу у них пять уроков, а во вторник и в четверг – шесть. На шестом уроке у них физкультура.

58 Слушайте!

Светлана живёт в большом многоэтажном доме на Садовой улице. Её подруга, Юля, живёт в соседнем подъезде. У них в доме шесть подъездов. Света живёт во втором подъезде, а Юля – в первом. Их школа находится на соседней Инженерной улице, поэтому Света и Юля ходят в школу пешком. Иногда Света звонит Юле, иногда Юля звонит Свете. Потом они встречаются около подъезда и идут вместе в школу.

59 А теперь слушайте и отвечайте на вопросы!

В каком доме живёт Светлана: в многоэтажном или в одноэтажном? Светлана живёт в многоэтажном доме.

Светлана живёт на Цветочной улице? Нет, Светлана не живёт на Цветочной улице.

На какой улице живёт Светлана? Светлана живёт на Садовой улице.

На какой улице и в каком доме живёт Светлана? Светлана живёт на Садовой улице в многоэтажном доме.

Её подруга Юля живёт в соседнем подъезде? Да, её подруга Юля живёт в соседнем подъезде.

Где живёт её подруга? Её подруга живёт в соседнем подъезде.

Сколько подъездов у них в доме: пять или шесть? У них в доме шесть подъездов.

Кто живёт в первом подъезде: Света или Юля? Юля живёт в первом подъезде.

В каком подъезде живёт Света? Света живёт во втором подъезде.

Девочки ходят в школу пешком или ездят на автобусе? Девочки ходят в школу пешком.

Их школа находится далеко? Нет, их школа находится недалеко.

Их школа находится на соседней улице? Да, их школа находится на соседней улице.

Где находится их школа? Их школа находится на соседней улице.

Очень хорошо!

60 Слушайте!

Света с Юлей учатся в специализированной английской школе номер 235. Их уроки начинаются в 8:30. Дети учатся пять дней в неделю. Каждый день у них разное расписание. В понедельник, среду и пятницу у них пять уроков, а во вторник и в четверг – шесть. На шестом уроке у них физкультура.

61 А теперь отвечайте на вопросы!

Сколько дней в неделю учатся девочки? Девочки учатся 5 дней в неделю.

У них каждый день разное расписание? Да, у них каждый день разное расписание.

Сколько уроков у них в понедельник, в среду и в пятницу? В понедельник, в среду и в пятницу у них 5 уроков.

Сколько уроков у них во вторник и в четверг? Во вторник и в четверг у них 6 уроков.

Что у них на шестом уроке в четверг? На шестом уроке в четверг у них физкультура.

Очень хорошо!

62 Слушайте!

Света: Юлька, привет.

Юля: Привет, Света. Сколько ты вчера сочинение писала? Я потратила 3 часа. Ужас!

Света: И не говори. Жизни нет! Я тоже вчера 2 часа писала сочинение, 2 часа делала математику, час биологию, час физику и два часа зубрила английский!

Юля: Ой, смотри, кто это? Это Макс?

Света: Где?

Юля: Вон там, видишь, парень в клетчатой рубашке?

Света:	Да, это Макс, точно Макс. Только у него волосы синие. Класс! Он на прошлой неделе себе бровь проколол. Его друг Сашка Иванов тоже себе проколол бровь.
Юля:	Да, я видела, у Макса на правой брови серьга, а у Сашки на левой. А мне отец сказал: проколешь себе что-нибудь – домой не приходи. Ну где справедливость?
Света:	И не говори.

63 А теперь отвечайте на вопросы!

Девочки вчера писали сочинение? Да, девочки вчера писали сочинение.

Что вчера писали девочки? Девочки вчера писали сочинение.

Юля писала сочинение 3 часа? Да, Юля писала сочинение 3 часа.

Сколько времени потратила Юля на сочинение? Юля потратила на сочинение 3 часа.

Сколько времени потратила Света на сочинение? Света потратила на сочинение 2 часа.

Кого видят девочки? Девочки видят Макса.

У Макса серьга на правой или на левой брови? У Макса серьга на правой брови.

Когда Макс проколол себе бровь: на этой неделе или на прошлой? Макс проколол себе бровь на прошлой неделе.

Когда Макс проколол себе бровь? Макс проколол себе бровь на прошлой неделе.

Что проколол себе Макс на прошлой неделе? Макс проколол себе бровь.

Очень хорошо!

64 Слушайте и повторяйте!

Глагол **находиться**: я нахожусь, ты находишься, он/она/оно находится, мы находимся, вы находитесь, они находятся.

Хорошо!

65

Поговорим! Упражнение 28

Где находится школа? – улица Весёлая – Школа находится на улице Весёлой.

Где я нахожусь? – торговый центр «Линия» – Я нахожусь в торговом центре «Линия».

Где ты находишься? – Театральная площадь – Ты находишься на Театральной площади.

Где они находятся? – улица Зелёная – Они находятся на улице Зелёной.

Где находятся книги? – полка – Книги находятся на полке.

Где находится директор? – кабинет – Директор находится в кабинете.

Где мы находимся? – Красная площадь – Мы находимся на Красной площади.

Где вы находитесь? – кафе «Весна» – Вы находитесь в кафе «Весна».

Где находится моя сестра? – оперный театр – Моя сестра находится в оперном театре.

Замечательно!

66

Поговорим! Упражнение 29

Это моя подруга Моника. Я вам о ней говорила.

Это моя подруга Моника, о которой я вам говорила.

Это дом. В нём живут мои дедушка с бабушкой.

Это дом, в котором живут мои дедушка с бабушкой.

Это самолёт. На нём летает Борис Иванович.

Это самолёт, на котором летает Борис Иванович.

Это такси. На нём приехала Ирина.

Это такси, на котором приехала Ирина.

Это стол. На нём лежит книга.

Это стол, на котором лежит книга.

Это ваза. В ней стоят цветы.

Это ваза, в которой стоят цветы.

Хорошо!

67 Посчитаем!

Брат: один брат, два брата, нет братьев

Секретарша: одна секретарша, две секретарши, нет секретарш

Портфель: один портфель, два портфеля, нет портфелей

Друг: один друг, два друга, нет друзей

Кольцо: одно кольцо, два кольца, нет колец

Гость: один гость, два гостя, нет гостей

Медсестра: одна медсестра, две медсестры, нет медсестёр.

Замечательно!

Седьмой урок

68 Поговорим! Упражнение 31 А)

На территории церкви есть магазин. При церкви есть магазин.

На территории завода есть общежитие. При заводе есть общежитие.

В этом спортивном комплексе есть сауна. При этом спортивном комплексе есть сауна.

На территории ресторана есть бильярдная комната. При ресторане есть бильярдная комната.

На территории магазина есть парковка. При магазине есть парковка.

На территории вокзала есть почта. При вокзале есть почта.

На территории школы есть большой бассейн. При школе есть большой бассейн.

На территории отеля есть отличный ресторан. При отеле есть отличный ресторан.

Очень хорошо!

69 Поговорим! Упражнение 31 Б)

Рядом с ним была собака. При нём была собака.

У них были деньги. При них были деньги.

Ученики сидят тихо, когда учитель в классе. Ученики сидят тихо в классе при учителе.

Когда начальник рядом, секретарша не болтает по телефону. При начальнике секретарша не болтает по телефону.

Я не хочу говорить об Игоре Ивановиче, когда Марина рядом. Я не хочу говорить об Игоре Ивановиче при Марине.

У меня в кармане была фотография сына. При мне была фотография сына.

Отлично!

70 Поговорим! Упражнение 32

Ирина – русская. На каком языке разговаривает Ирина? Ирина разговаривает на русском.

Мари Поль – француженка. На каком языке разговаривает Мари Поль? Мари Поль разговаривает на французском.

Моника – немка. На каком языке разговаривает Моника? Моника разговаривает на немецком.

Джеймс – англичанин. На каком языке разговаривает Джеймс? Джеймс разговаривает на английском.

Амир – араб. На каком языке разговаривает Амир? Амир разговаривает на арабском.

Хосе – мексиканец.   На каком языке разговаривает Хосе? Хосе разговаривает на испанском.

Сунь Чен – китаянка. На каком языке разговаривает Сунь Чен? Сунь Чен разговаривает на китайском.

Макико – японка.   На каком языке разговаривает Макико? Макико разговаривает на японском.

Джеймс – англичанин. На каком языке разговаривает Джеймс? Джеймс разговаривает на английском.

Сулико – грузинка. На каком языке разговаривает Сулико? Сулико разговаривает на грузинском.

Хорошо!

71

Слушайте!

Это Светлана. Она учится в школе. Она учится в последнем двенадцатом классе. Света хочет поступить в университет на филологический факультет. Она очень любит языки. Светлана хорошо говорит по-английски. Сейчас она учит испанский. Она ходит на курсы при университете. У Светланы есть дядя, который живёт в Мадриде. Она обещала дяде, что в следующем году она будет разговаривать с ним на испанском.

Завтра у Светы экзамен по истории. За окном солнце, хорошая погода, но Света должна готовиться к экзамену.

72

А теперь отвечайте на вопросы!

На какой факультет хочет поступить Светлана: на юридический или на филологический?

Светлана хочет поступить на филологический факультет.

Светлана любит языки? Да, Светлана очень любит языки.

Светлана говорит на английском? Да, Светлана говорит на английском.

Какой язык она сейчас учит? Она сейчас учит испанский.

Светлана учит испанский в школе? Нет, Светлана учит испанский не в школе.

Где Светлана учит испанский? Светлана ходит на курсы при университете.

Где живёт дядя Светланы? Дядя Светланы живёт в Мадриде.

Что Света обещала дяде? Света обещала дяде, что будет с ним разговаривать на испанском.

Какой экзамен завтра у Светы? Завтра у Светы экзамен по истории.

Света хочет идти гулять или она должна заниматься? Света должна готовиться к экзамену.

Замечательно!

73 Слушайте!

Юля:	Светик, привет. Что делаешь?
Светлана:	Учусь. Историю зубрю.
Юля:	А-а. Ты сегодня вечером идёшь с нами на дискотеку?
Светлана:	Нет, я не иду. У меня завтра экзамен по истории. А ты с кем идёшь?
Юля:	Ну с нами идёт Ира Белова, Макс и Юрка.
Светлана:	А где дискотека?
Юля:	В «Магеллане».
Светлана:	А что такое «Магеллан»? Где это?
Юля:	«Магеллан» – это танцевальная студия на Зелёной улице. Там днём занятия, а вечером дискотека. Там музыка классная. Михаил, твой сосед, там работает диск-жокеем. Так ты идёшь?
Светлана:	Хочу, но не могу. Мне надо заниматься.
Юля:	Ну ладно, пока. Увидимся завтра.
Светлана:	Пока.

Замечательно!

74 А теперь отвечайте на вопросы!

С кем разговаривает Света? Света разговаривает с Юлей.

О чём разговаривают девочки? Девочки разговаривают о дискотеке.

Когда будет дискотека? Дискотека будет сегодня вечером.

Юля идёт на дискотеку одна? Нет, Юля идёт на дискотеку не одна.

С кем Юля идёт на дискотеку? Юля идёт на дискотеку с друзьями.

Где будет дискотека? Дискотека будет в «Магеллане».

Что такое «Магеллан»? «Магеллан» - это танцевальная студия.

Света идёт на дискотеку? Нет, Света не идёт на дискотеку.

Почему Света не идёт на дискотеку? Света не идёт на дискотеку, потому что Свете нужно заниматься. У неё завтра экзамен.

Отлично!

75 Поговорим! Упражнение 35

Себе

Кому Игорь покупает новый костюм? Игорь покупает новый костюм себе.

Кому твои родители купили машину? Твои родители купили машину себе.

О ком говорит Елена Владимировна? Елена Владимировна говорит о себе.

У кого на фирме работает Виктор? Виктор работает на фирме у себя.

О ком Лена всё время думает? Лена всё время думает о себе.

Кого любит Илона? Илона любит себя.

На кого Аня смотрит в зеркало? Аня смотрит в зеркало на себя.

Над кем Олег видит солнце? Олег видит солнце над собой.

Очень хорошо!

Восьмой урок

76

Слушайте и повторяйте!

глагол **стричь**

Сейчас: я стригу, ты стрижёшь, он/она/оно стрижёт, мы стрижём, вы стрижёте, они стригут
Вчера: он стриг, она стригла, оно стригло, они стригли.

Отлично!

77

Поговорим! Упражнение 38

Пить/выпить: Ребёнок пил молоко. Ребёнок выпил молоко.

Делать/сделать: Марина не делала уроки в пятницу. Марина не сделала уроки в пятницу.

Учить/выучить: Студент учил новые слова. Студент выучил новые слова.

Говорить/поговорить: Михаил Сергеевич говорил с менеджером о вас. Михаил Сергеевич поговорил с менеджером о вас.

Читать/прочитать: Ирина читала роман Пушкина «Евгений Онегин». Ирина прочитала роман Пушкина «Евгений Онегин».

Готовить/приготовить: Утром наша мама готовила обед. Утром наша мама приготовила обед.

Смотреть/посмотреть: Молодой человек смотрел на девушку. Молодой человек посмотрел на девушку.

Отлично!

78

Слушайте!

Кто такие полиглоты? Полиглоты – это люди, которые знают много языков. Много – это сколько? Ну, по крайней мере, пять. Полиглот говорит, что он знает язык, если он говорит на нём свободно.

В мире много полиглотов? Да, достаточно много. Легенда гласит, что Будда знал 105 языков, а пророк Магомет знал все языки мира. Книга рекордов Гиннеса утверждает, что итальянский кардинал Джузеппе Меццофанти, который жил в прошлом веке в Ватикане, знал шестьдесят языков.

А в наше время есть полиглоты? Да, конечно, есть. Вот, например, в Москве живёт врач-вирусолог Вилли Мельников. Вилли – номинант Книги рекордов Гиннеса. Он знает 103 языка. Это удивительно, но Вилли ещё пишет стихи и снимается в кино. Учёные не могут объяснить феномен Вилли.

Что же нужно делать, чтобы быстро выучить язык? В Будапеште жила венгерская писательница и переводчица Като Ломб, которая свободно говорила на русском, английском, немецком, испанском, итальянском, французском, польском, китайском и японском. Интересно, что она выучила эти языки уже в зрелом возрасте. Като говорила, что, если вы хотите выучить язык в короткий срок, нужно: заниматься каждый день, всегда учить фразы в контексте, учить только правильные фразы и не сдаваться, если что-то не получается.

---

79 Слушайте!

Кто такие полиглоты? Полиглоты – это люди, которые знают много языков. Много – это сколько? Ну, по крайней мере, пять. Полиглот говорит, что он знает язык, если он говорит на нём свободно.

В мире много полиглотов? Да, достаточно много. Легенда гласит, что Будда знал 105 языков, а пророк Магомет знал все языки мира. Книга рекордов Гиннеса утверждает, что итальянский кардинал Джузеппе Меццофанти, который жил в прошлом веке в Ватикане, знал шестьдесят языков.

80 А теперь слушайте и отвечайте на вопросы!

Кто такие полиглоты? Полиглоты – это люди, которые знают много языков.

Сколько языков знает полиглот? Ну, по крайней мере пять.

Полиглот говорит, что он знает язык, если он понимает его? Нет, полиглот говорит, что он знает язык, если он говорит на нём свободно.

В мире много полиглотов? Да, достаточно много.

Сколько языков знал Будда? Будда знал 105 языков.

А сколько языков знал пророк Магомет? Пророк Магомет знал все языки мира.

Хорошо!

81 Слушайте!

А в наше время есть полиглоты? Да, конечно есть. Вот, например, в Москве живёт врач-вирусолог Вилли Мельников. Вилли – номинант Книги рекордов Гиннеса. Он знает 103 языка. Это удивительно, но Вилли ещё пишет стихи и снимается в кино. Учёные не могут объяснить феномен Вилли.

82 А теперь слушайте и отвечайте на вопросы!

А в наше время есть полиглоты? Да, конечно, есть.

Сколько языков знает Вилли Мельников? Вилли Мельников знает 103 языка.

Вилли Мельников номинант какой книги? Вилли Мельников – номинант книги рекордов Гиннеса.

Извините, почему Вилли – номинант Книги рекордов Гиннеса? Вилли Мельников – номинант Книги рекордов Гиннеса, потому что он знает 103 языка.

Учёные могут объяснить феномен Вилли? Нет, учёные не могут объяснить феномен Вилли.

Замечательно!

83 Слушайте!

Что же нужно делать, чтобы быстро выучить язык? В Будапеште жила венгерская писательница и переводчица Като Ломб, которая свободно говорила на русском, английском, немецком, испанском, итальянском, французском, польском, китайском и японском. Интересно, что она выучила эти языки уже в зрелом возрасте. Като говорила, что, если вы хотите выучить язык в короткий срок, нужно: заниматься каждый день, всегда учить фразы в контексте, учить только правильные фразы и не сдаваться, если что-то не получается.

84 А теперь слушайте и отвечайте на вопросы!

Что нужно делать, чтобы быстро выучить язык? Чтобы быстро выучить язык, нужно заниматься каждый день.

Что ещё нужно делать, чтобы быстро выучить язык? Чтобы быстро выучить язык, нужно всегда учить фразы в контексте.

Что ещё нужно делать, чтобы быстро выучить язык? Чтобы быстро выучить язык, нужно всегда учить только правильные фразы.

Что ещё нужно делать, чтобы быстро выучить язык? Чтобы быстро выучить язык, нужно не сдаваться, если что-то не получается.

Отлично!

Девятый урок

85 Поговорим! Упражнение 42

Та высокая башня. Ребёнок смотрит на … Ребёнок смотрит на ту высокую башню.

Моя бабушка. Елена Петровна знает … Елена Петровна знает мою бабушку.

Наши детские фотографии. Мы с братом сейчас смотрим … Мы с братом сейчас смотрим наши детские фотографии.

Твоя сестра. Андрюша любит … Андрюша любит твою сестру.

Манная каша. Ребёнок не хочет есть … Ребёнок не хочет есть манную кашу.

Ваша дочь. Михаил балует … Михаил балует вашу дочь.

Интересный журнал. Дедушка сидит в кресле и читает…. Дедушка сидит в кресле и читает интересный журнал.

Испанская гитара. Мой брат обожает … Мой брат обожает испанскую гитару.

Таможенная декларация. Джон заполняет … Джон заполняет таможенную декларацию.

Смешные истории. Пётр любит … Пётр любит смешные истории.

Итальянский язык. Григорий понимает … Григорий понимает итальянский язык.

Эта роль. Актриса очень хочет … Актриса очень хочет эту роль.

Отлично!

86 Слушайте!

Джон Смит – бизнесмен. Его деловые партнёры находятся в Москве. Они пригласили Джона в гости. Джон давно мечтал посетить Москву и посмотреть её достопримечательности.

Сейчас Джон находится в московском аэропорту Шереметьево-2. Он должен пройти паспортный контроль и досмотр багажа. Таможенную декларацию Джон заполнил ещё в самолёте. У него в правой руке чемодан, а в левой - дорожная сумка. На левом плече у него сумка с компьютером.

87 Слушайте!

Джон Смит – бизнесмен. Его деловые партнёры находятся в Москве. Они пригласили Джона в гости. Джон давно мечтал посетить Москву и посмотреть её достопримечательности.

88 А теперь слушайте и отвечайте на вопросы!

Кто Джон Смит по профессии? Джон Смит – бизнесмен.

Его деловые партнёры находятся в Нью-Йорке? Нет, его деловые партнёры находятся не в Нью-Йорке.

Где находятся его деловые партнёры? Его деловые партнёры находятся в Москве.

Они пригласили Джона в гости? Да, они пригласили Джона в гости.

Куда пригласили Джона его деловые партнёры? Деловые партнёры пригласили Джона в гости.

Очень хорошо!

89 Слушайте!

Сейчас Джон находится в московском аэропорту Шереметьево-2. Он должен пройти паспортный контроль и досмотр багажа. Таможенную декларацию Джон заполнил ещё в самолёте. У него в правой руке чемодан, а в левой - дорожная сумка. На левом плече у него сумка с компьютером.

90 А теперь слушайте и отвечайте!

Где сейчас находится Джон? Джон сейчас находится в аэропорту.

В каком аэропорту сейчас находится Джон? Джон сейчас находится в московском аэропорту Шереметьево-2.

Джон должен пройти паспортный контроль? Да, Джон должен пройти паспортный контроль.

Что должен пройти Джон? Джон должен пройти паспортный контроль.

Что ещё должен пройти Джон? Джон ещё должен пройти досмотр багажа.

Джон должен пройти паспортный контроль и досмотр багажа, да? Да, Джон должен пройти паспортный контроль и досмотр багажа.

Джон заполнил таможенную декларацию? Да, Джон заполнил таможенную декларацию.

Где Джон заполнил таможенную декларацию? Джон заполнил таможенную декларацию ещё в самолёте.

Что у Джона в правой руке? У Джона в правой руке чемодан.

Что у Джона в левой руке? У Джона в левой руке дорожная сумка.

Замечательно!

91 Слушайте диалог!

Разговор с таможенником

Таможенник:	Ваш паспорт, пожалуйста.
Джон:	Вот, пожалуйста.
Таможенник:	Господин Смит, откуда вы летите?
Джон:	Я лечу из Сан-Франциско.
Таможенник:	Какая цель визита?
Джон:	Бизнес.
Таможенник:	Вы в первый раз в Москве?
Джон:	Да, в первый раз.
Таможенник:	Так, посмотрим. Вы задекларировали ваш персональный компьютер и фотоаппарат. Что в вашем чемодане?
Джон:	Личные вещи.
Таможенник:	Наркотики везёте?
Джон:	Нет. Наркотиков нет.
Таможенник:	Лекарства, продукты?
Джон:	Нет, лекарств нет и продуктов тоже нет.
Таможенник:	Валюту везёте?
Джон:	Да, у меня есть доллары.
Таможенник:	Рубли, евро?
Джон:	Нет, рублей нет и евро тоже нет.
Таможенник:	Сколько долларов везёте?
Джон:	Две тысячи. Я должен их декларировать?
Таможенник:	Нет, две тысячи можно не декларировать. Хорошо.

(Таможенник ставит штамп в паспорт Джона.)

Таможенник:	Следующий!

92 А теперь слушайте и отвечайте на вопросы!

Откуда летит Джон Смит? Джон Смит летит из Сан-Франциско.

Какая цель его визита? Цель его визита – бизнес.

У Джона есть багаж? Да, у Джона есть багаж.

Какой у него багаж? У него чемодан и сумка.

Что у Джона в чемодане? У Джона в чемодане личные вещи.

Джон везёт наркотики? Нет, у него нет наркотиков.

У Джона в багаже есть продукты? Нет, у Джона в багаже нет продуктов.

У Джона есть валюта? Да, у Джона есть валюта.

Какая валюта у Джона? У Джона есть доллары.

Сколько долларов у Джона? У Джона 2 000 долларов.

Он их должен декларировать? Нет, он их не должен декларировать.

Отлично!

93 Поговорим! Упражнение 44

Саша, ты уже сделал домашнюю работу? Нет, я её сейчас делаю.

Роберт, ты уже познакомился с Ириной? Нет, я с ней сейчас знакомлюсь.

Оля, вы прочитали его новую книгу? Нет, я её сейчас читаю.

Сергей Иванович, вы написали ответ клиенту? Нет, я сейчас его пишу.

Юля, ты уже постригла пуделя? Нет, я его сейчас стригу.

Ты уже прочитал моё сообщение? Нет, я его сейчас читаю.

Джон, ты уже заполнил таможенную декларацию? Нет, я её сейчас заполняю.

Родители, вы уже посмотрели наши свадебные фотографии? Нет, мы их сейчас смотрим.

Миша, ты уже купил брату подарок? Нет, я его сейчас покупаю.

Очень хорошо!

Десятый урок

94

Поговорим! Упражнение 47

Свой

Младшая сестра: Юрий обожает… Юрий обожает свою младшую сестру.

Первый учитель: Я помню … Я помню своего первого учителя.

Старая машина: Николай Николаевич знает … Николай Николаевич знает свою старую машину.

Жена Ольга: Игорь пришёл на вечеринку в ресторан … Игорь пришёл на вечеринку в ресторан со своей женой Ольгой.

Подруга: Мария Ивановна поздравляет с днём рождения … Мария Ивановна поздравляет с днём рождения свою подругу.

Новый сосед: Я иду домой и вижу … Я иду домой и вижу своего нового соседа.

Мобильный телефон: Юлия уже 5 минут ищет в сумке … Юлия уже 5 минут ищет в сумке свой мобильный телефон.

Новый проект: Андрей всё время говорит … Андрей всё время говорит о своём новом проекте.

Старый клиент: Менеджер знает … Менеджер знает своего старого клиента.

Отец: Сын в первый раз видит в форме пилота … Сын в первый раз видит в форме пилота своего отца.

Замечательно!

95

Слушайте!

В каждом городе России есть общественный транспорт: трамвай, троллейбус, автобус, метро, маршрутное такси. Обычно движение транспорта начинается где-то в 5:30 утра и кончается в час ночи.

Большинство людей используют общественный транспорт, чтобы ехать на работу, в гости, в кино, в театр или погулять.

Сейчас многие семьи имеют собственные машины и могут ездить на них на работу. Но очень часто они также используют общественный транспорт, потому что это дешевле, а иногда и быстрее.

Общественный транспорт в России очень популярен. Обычно людей в транспорте очень много, и поэтому многие люди всю дорогу стоят в транспорте. Это норма.

В каждом городе свои тарифы на проезд в общественном транспорте. Билет можно купить в киоске на остановке или в транспорте у водителя или кондуктора. В метро нужно покупать жетоны, которые продаются в вестибюле на каждой станции метро.

Есть и другие формы оплаты проезда, например, проездной билет. Его тоже можно купить в киоске на остановке. Есть проездные на месяц, на квартал, на год на десять, на пятнадцать дней. Проездные билеты обычно покупают люди, которые ездят каждый день и которые используют разные виды транспорта.

В общественном транспорте существует целая система льгот. Бесплатно могут ездить пенсионеры, школьники и некоторые другие категории людей. Проездные билеты для студентов стоят дешевле.

Слушайте!

96

В каждом городе России есть общественный транспорт: трамвай, троллейбус, автобус, метро, маршрутное такси. Обычно движение транспорта начинается где-то в 5:30 утра и кончается в час ночи. Большинство людей используют общественный транспорт, чтобы ехать на работу, в гости, в кино, в театр или погулять.

Сейчас многие семьи имеют собственные машины и могут ездить на них на работу. Но очень часто они также используют общественный транспорт, потому что это дешевле, а иногда и быстрее.

97 А теперь слушайте и отвечайте на вопросы!

Общественный транспорт есть в каждом городе России? Да, общественный транспорт есть в каждом городе России?

Когда обычно начинается движение транспорта? Движение транспорта обычно начинается где-то в 5:30 утра.

Когда обычно кончается движение транспорта? Движение транспорта обычно кончается в час ночи.

Что дешевле: ездить на общественном транспорте или ездить на машине? Ездить на общественном транспорте дешевле.

Большинство людей ездят на работу на машине или на общественном транспорте? Большинство людей ездит на работу на общественном транспорте.

Почему большинство людей ездит на работу на общественном транспорте? Большинство людей ездит на работу на общественном транспорте, потому что это дешевле, а иногда и быстрее.

Замечательно!

98 Слушайте!

Общественный транспорт в России очень популярен. Обычно людей в транспорте очень много, и поэтому многие люди всю дорогу стоят в транспорте. Это норма.

В каждом городе свои тарифы на проезд в общественном транспорте. Билет можно купить в киоске на остановке или в транспорте у водителя или кондуктора. В метро нужно покупать жетоны, которые продаются в вестибюле на каждой станции метро.

99 А теперь слушайте и отвечайте на вопросы!

Билет на автобус можно купить в транспорте у водителя? Да, билет на автобус можно купить в транспорте у водителя.

А можно купить билет в киоске на остановке? Да, билет можно купить в киоске на остановке.

Билет можно купить в транспорте у водителя или в киоске на остановке, да? Да, билет можно купить в транспорте у водителя или в киоске на остановке.

Где можно купить билет? Билет можно купить в транспорте у водителя или в киоске на остановке.

Жетоны на метро продаются в вестибюле метро или в киоске на улице? Жетоны на метро продаются в вестибюле метро.

Отлично!

100 Слушайте!

Есть и другие формы оплаты проезда, например, проездной билет. Его тоже можно купить в киоске на остановке. Есть проездные на месяц, на квартал, на год на десять, на пятнадцать дней. Проездные билеты обычно покупают люди, которые ездят каждый день, и которые используют разные виды транспорта.

В общественном транспорте существует целая система льгот. Бесплатно могут ездить пенсионеры, школьники и некоторые другие категории людей. Проездные билеты для студентов стоят дешевле.

101 А теперь слушайте и отвечайте на вопросы!
Где продаются проездные билеты на автобус? Проездные билеты на автобус продаются в киоске на улице.

В общественном транспорте существует система льгот? Да, в общественном транспорте существует система льгот.

Кто может ездить бесплатно в общественном транспорте? Бесплатно в общественном транспорте могут ездить пенсионеры и школьники.

Очень хорошо!

102 Слушайте!

Что обычно говорят в транспорте

Максим сейчас едет на автобусе в университет. Он должен заплатить за проезд. Максим сидит далеко от водителя, поэтому он просит другого пассажира передать деньги.

Максим:	Передайте, пожалуйста, на билет.
Пассажир:	Вам один?
Максим:	Да.

Через две минуты девушка передаёт Максиму сдачу:

| Пассажир: | Пожалуйста, ваша сдача. |
| Максим: | Спасибо. |

103

А теперь слушайте и отвечайте на вопросы!

Куда сейчас едет Максим? Максим сейчас едет в университет.

На чём Максим едет в университет? Максим едет в университет на автобусе.

Он должен заплатить за проезд? Да, он должен заплатить за проезд.

Максим сидит далеко или близко от водителя?

Максим сидит далеко от водителя.

Максим сидит далеко от водителя, поэтому он просит другого пассажира передать деньги на билет, да?

Да, Максим сидит далеко от водителя, поэтому он просит другого пассажира передать деньги на билет.

О чём Максим просит другого пассажира? Максим просит другого пассажира передать деньги на билет.

Хорошо!

104

Поговорим! Упражнение 48.

потому что/ поэтому

Мы не ходили на пикник. Шёл дождь. Мы не ходили на пикник, потому что шёл дождь.

Мама пришла с работы 5 минут назад. Она не приготовила обед. Мама пришла с работы 5 минут назад, поэтому она не приготовила обед.

Илья плохо написал диктант. Он не выучил слова. Илья плохо написал диктант, потому что он не выучил слова.

Виктор Сергеевич ещё не пообедал. Он был занят. Виктор Сергеевич ещё не пообедал, потому что он был занят.

Владимир не заполнил свою таможенную декларацию в самолёте. Он её сейчас заполняет. Владимир не заполнил свою таможенную декларацию в самолёте, поэтому он её сейчас заполняет.

Григорий подарил Анне цветы. У неё сегодня день рождения. Григорий подарил Анне цветы, потому что у неё сегодня день рождения.

Алексей всегда покупает себе проездной билет. Это дешевле. Алексей всегда покупает себе проездной билет, потому что это дешевле.

Максим хочет заплатить за проезд. Он просит другого пассажира передать деньги. Максим хочет заплатить за проезд, поэтому он просит другого пассажира передать деньги.

Замечательно!

Одиннадцатый урок

105 Слушайте!
Екатерина и Николай – коллеги. Они работают в небольшой рекламной компании.

Екатерина – молодая стройная девушка. У неё короткие русые волосы, маленький прямой нос и яркие голубые глаза. Екатерина работает менеджером.

Николай – невысокий крепкий молодой человек. У него длинные тёмные волосы, большой нос и большие карие глаза. Николай говорит, что у него орлиный нос, потому что он похож на своего дедушку-грузина. Николай работает дизайнером.

106

Слушайте!

Екатерина и Николай – коллеги. Они работают в небольшой рекламной компании.

Екатерина – молодая стройная девушка. У неё короткие русые волосы, маленький прямой нос и яркие голубые глаза. Екатерина работает менеджером.

107

А теперь слушайте и отвечайте!

Екатерина и Николай работают в одной компании? Да, Екатерина и Николай работают в одной компании.

В какой компании работают Екатерина и Николай? Екатерина и Николай работают в небольшой рекламной компании.

Екатерина – стройная девушка? Да, Екатерина – стройная девушка.

У неё волосы короткие или длинные? У неё короткие волосы.

А какого цвета у Екатерины волосы? У Екатерины русые волосы.

Какие у Екатерины глаза? У Екатерины яркие голубые глаза.

У Екатерины нос прямой или курносый? У Екатерины прямой нос.

Кем работает Екатерина? Екатерина работает менеджером.

Отлично!

108

Слушайте!

Николай – невысокий крепкий молодой человек. У него длинные тёмные волосы, большой нос и большие карие глаза. Николай говорит, что у него орлиный нос, потому что он похож на своего дедушку-грузина. Николай работает дизайнером.

109

А теперь слушайте и отвечайте на вопросы!

Кем работает Николай? Николай работает дизайнером.

Он высокий? Нет, он невысокий.

Николай - крепкий или худощавый? Николай - крепкий молодой человек.

Какой у Николая нос: мясистый или орлиный? У Николая орлиный нос.

На кого похож Николай? Николай похож на своего дедушку.

Его дедушка – русский или грузин. Его дедушка – грузин.

Николай похож на своего дедушку-грузина, да? Да, Николай похож на своего дедушку- грузина.

Замечательно!

110 Слушайте!

Николай:	Катюша, привет!
Екатерина:	Доброе утро, Коля! Как дела?
Николай:	Да всё хорошо. Утром немного опоздал на работу. Пробки! Ты что сегодня делаешь в обеденный перерыв?
Екатерина:	Сегодня столько работы! Не знаю, будет ли у меня время пообедать.
Николай:	Правда? А я думал, что мы вместе пообедаем. Ты слышала о новом кафе? Оно открылось на прошлой неделе. Называется «Домашняя еда». Оно находится на соседней улице. Всего пять минут пешком!
Екатерина:	Ой, Коля, я не знаю. Я в обед буду на встрече с клиентом. У меня с ним встреча в час. И в кафе я очень хочу сходить. Моя подруга тоже говорила, что там очень вкусно готовят и недорого. Я сейчас позвоню своему клиенту и попробую перенести встречу на другое время.
Николай:	Отлично! Но, если ты не сможешь перенести свою встречу, то я куплю тебе обед и принесу его прямо в офис.
Екатерина:	Коля, ты настоящий друг! Спасибо.
Николай:	Я знаю, что я хороший. Но ты, если будешь работать 8 часов в день, то станешь начальником и будешь работать 12 часов в день!
Екатерина:	Ха-ха-ха! Да, так и будет.
Николай:	Позвони мне, если сможешь перенести встречу.

Екатерина: Хорошо, я сейчас позвоню клиенту, а потом позвоню тебе.

Николай: Хорошо, я буду ждать твоего звонка. Пока!

Екатерина: Пока!

111 А теперь отвечайте на вопросы!

Куда Николай хочет пригласить Катю в обеденный перерыв? В обеденный перерыв Николай хочет пригласить Катю в кафе.

Как называется это кафе? Это кафе называется «Домашняя еда».

Это кафе открылось на этой неделе или на прошлой? Это кафе открылось на прошлой неделе.

Оно находится далеко или на соседней улице? Оно находится на соседней улице.

Простите, где находится кафе «Домашняя еда»? Кафе «Домашняя еда» находится на соседней улице.

С кем Катя должна встретиться в обед? Катя должна встретиться в обед с клиентом.

Катя хочет пойти с Колей в кафе? Да, Катя хочет пойти с Колей в кафе.

Катя хочет пойти с Колей в кафе, поэтому она хочет перенести встречу на другое время, да? Да, Катя хочет пойти с Колей в кафе, поэтому она хочет перенести встречу на другое время.

Извините, почему Катя хочет перенести встречу с клиентом на другое время? Катя хочет перенести встречу с клиентом на другое время, потому что она хочет пойти с Колей в кафе.

Очень хорошо!

112 Поговорим! Упражнение 52

Марина с Сашей сейчас идут в ресторан. Завтра Марина с Сашей пойдут в ресторан.

Нина сейчас стрижёт пуделя. Завтра Нина пострижёт пуделя.

Миша сейчас смотрит интересный французский фильм. Завтра Миша посмотрит интересный французский фильм.

Мы сейчас едем в аэропорт на такси. Завтра мы поедем в аэропорт на такси.

Куда вы сейчас идёте? Куда вы завтра пойдёте?

Игорь сейчас покупает себе новый компьютер. Завтра Игорь купит себе новый компьютер.

Студенты сейчас учат новые слова. Завтра студенты выучат новые слова.

Оля сейчас пишет письмо Марине. Завтра Оля напишет письмо Марине.

Бабушка сейчас готовит ужин. Завтра бабушка приготовит ужин.

Отлично!

Двенадцатый урок

113

Поговорим! Упражнение 55

В кране есть горячая вода? Нет, в кране нет горячей воды.

У Максима есть новая японская машина? Нет, у Максима нет новой японской машины.

У Игоря и Ольги есть большая рыжая собака? Нет, у Игоря и Ольги нет большой рыжей собаки.

Рядом с домом есть детская площадка? Нет, рядом с домом нет детской площадки.

У Евгения Николаевича есть туристическая компания? Нет, у Евгения Николаевича нет туристической компании.

Здесь есть автобусная станция? Нет, здесь нет автобусной станции.

У Виктории есть хорошая подруга? Нет, у Виктории нет хорошей подруги.

На столе есть хрустальная ваза? Нет, на столе нет хрустальной вазы.

В этом районе есть мобильная связь? Нет, в этом районе нет мобильной связи.

Хорошо!

114 Поговорим! Упражнение 56

Мы идём на концерт классической музыки. Мы идём с концерта классической музыки.

Эта семья едет на Чёрное море. Эта семья едет с Чёрного моря.

Мы идём на международную выставку. Мы идём с международной выставки.

Дети идут в кукольный театр. Дети идут из кукольного театра.

Артисты идут на генеральную репетицию. Артисты идут с генеральной репетиции.

Ты едешь в оперный театр. Ты едешь из оперного театра.

Они едут в большой город. Они едут из большого города.

Замечательно!

115 Слушайте!
Николай Николаевич едет в командировку в Москву. Сегодня четверг, а завтра пятница. Николай Николаевич должен быть в Москве в понедельник, но он решил приехать в Москву на два дня раньше.

Старший брат Николая Николаевича, Семён Николаевич, живёт в Москве, и Николай Николаевич давно его не видел. Обычно он ездит в Москву на поезде.

Николай Николаевич сейчас стоит у окошка билетной кассы. Он хочет купить билет в Москву.

116 А теперь слушайте и отвечайте на вопросы!

Куда Николай Николаевич едет в командировку? Николай Николаевич едет в командировку в Москву.

Какой сегодня день недели: четверг или пятница? Сегодня четверг.

Когда он решил приехать в Москву? Он решил приехать в Москву на два дня раньше

Кто живёт в Москве? В Москве живёт его брат.

Почему Николай Николаевич решил приехать в Москву на два дня раньше? Николай Николаевич решил приехать в Москву на два дня раньше, потому что там живёт его брат.

Как обычно Николай Николаевич ездит в Москву? Обычно он ездит в Москву на поезде.

Очень хорошо!

117 Слушайте!

Николай Николаевич сейчас стоит у окошка билетной кассы. Он хочет купить билет в Москву.

Николай Николаевич:	Мне, пожалуйста, один билет на завтра до Москвы.
Кассир:	Купе или плацкарт?
Николай Николаевич:	Купе.
Кассир:	Одно купейное место на восьмое августа. Место третье, нижнее. Обратно на какое число?
Николай Николаевич:	На тринадцатое.
Кассир:	На тринадцатое августа одно купейное. На тринадцатое августа, место двадцать шестое, верхнее.
Николай Николаевич:	Хорошо.
Кассир:	Одно купейное на восьмое августа до Москвы. Обратно на тринадцатое августа. 2945 рублей.

Николай Николаевич даёт деньги кассиру.

Николай Николаевич: Пожалуйста.

118 А теперь слушайте и отвечайте на вопросы!

Где сейчас стоит Николай Николаевич?   Николай Николаевич сейчас стоит у окошка кассы.

Что он хочет купить? Он хочет купить билет в Москву.

Он хочет купить купе или плацкарт? Он хочет купить купе.

На какое число он хочет купить билет в Москву? Он хочет купить билет в Москву на восьмое августа.

На какое число он хочет купить обратный билет? Обратный билет он хочет купить на тринадцатое августа.

Сколько стоят билеты?   Билеты стоят две тысячи девятьсот сорок пять рублей.

Замечательно!

Тринадцатый урок

119 Поговорим! Упражнение 64

Мы сейчас садимся в автобус. Завтра мы сядем в автобус.

Пётр, как обычно, пришёл и сел на стул. Завтра Пётр, как обычно, придёт и сядет на стул.

Ты садишься рядом со мной. Завтра ты сядешь рядом со мной.

Вы садитесь вот здесь, справа. Завтра вы сядете вот здесь, справа.

Наши друзья сели на поезд и поехали в Москву. Завтра наши друзья сядут в поезд и поедут в Москву.

Юля садится у окна. Завтра Юля сядет у окна.

Пассажиры садятся в самолёт. Завтра пассажиры сядут в самолёт.

Каждый день в 8 часов я сажусь на метро и еду на работу. Завтра в 8 часов я сяду на метро и поеду на работу.

Мы сели в троллейбус и поехали на вокзал. Завтра мы сядем в троллейбус и поедем на вокзал.

Хорошо!

120 Слушайте!

Сегодня пятница, завтра суббота – выходной день. Николай Николаевич пришёл домой в 7 часов, потом поужинал. Потом он заказал такси по телефону.

Когда он ужинал, позвонил его брат. Семён Николаевич обещал встретить брата на вокзале, и поэтому он хотел знать номер вагона и номер поезда.

В 7.30 приехало такси. Николай Николаевич сел в такси и поехал на вокзал.

Когда он ехал в такси, он видел аварию: столкнулись две машины. Образовалась пробка. Николай Николаевич боялся опоздать на поезд.

В 8.00 он приехал на вокзал. Его поезд уже был на платфо́рме. Николай Николаевич сел в поезд и поехал в Москву.

121 Слушайте!

Сегодня пятница, завтра суббота – выходной день. Николай Николаевич пришёл домой в 7 часов, потом поужинал. Потом он заказал такси по телефону.

Когда он ужинал, позвонил его брат. Семён Николаевич обещал встретить брата на вокзале, и поэтому он хотел знать номер вагона и номер поезда.

122

А теперь слушайте и отвечайте на вопросы!

Когда сегодня пришёл домой Николай Николаевич? Николай Николаевич сегодня пришёл домой в 7 часов.

Что Николай Николаевич сделал потом? Потом Николай Николаевич поужинал.

Что он сделал потом? Потом он заказал такси по телефону.

Когда позвонил брат Николая Николаевича: когда Николай Николаевич ужинал или когда он заказывал такси? Брат Николая Николаевича позвонил, когда Николай Николаевич ужинал.

Где Семён Николаевич обещал встретить брата? Семён Николаевич обещал встретить брата на вокзале.

Очень хорошо!

123

Слушайте!

В 7:30 приехало такси. Николай Николаевич сел в такси и поехал на вокзал.

Когда он ехал в такси, он видел аварию: столкнулись две машины. Образовалась пробка. Николай Николаевич боялся опоздать на поезд.

В 8:00 он приехал на вокзал. Его поезд уже был на платформе. Николай Николаевич сел в поезд и поехал в Москву.

124

А теперь слушайте и отвечайте на вопросы!

Когда приехало такси: в 7:30 или в 8:30? Такси приехало в 7:30.

Что видел Николай Николаевич, когда ехал в такси? Когда Николай Николаевич ехал в такси, он видел аварию.

Столкнулись 2 машины, и образовалась пробка, да? Да, столкнулись 2 машины, и образовалась пробка.

Почему Николай Николаевич боялся опоздать на поезд? Николай Николаевич боялся опоздать на поезд, потому что образовалась пробка.

Николай Николаевич опоздал на поезд или не опоздал? Николай Николаевич не опоздал на поезд.

Замечательно!

125 Слушайте!

Семён Николаевич звонит брату.

Семён Николаевич:	Коля, привет, это я.
Николай Николаевич:	Привет, Сёма.
Семён Николаевич:	Ты билет уже купил?
Николай Николаевич:	Купил, купил, ещё вчера.
Семён Николаевич:	Какой поезд?
Николай Николаевич:	Поезд «Соловей» номер 1064 Курск – Москва.
Семён Николаевич:	А какой вагон?
Николай Николаевич:	Седьмой. Я буду в Москве в 17:10.
Семён Николаевич:	Так, седьмой вагон. Отлично! Я буду ждать тебя на платформе, братишка.
Николай Николаевич:	До встречи!
Семён Николаевич:	До встречи!

126 А теперь слушайте и отвечайте на вопросы!

Николай Николаевич уже купил билеты на поезд? Да, Николай Николаевич уже купил билеты на поезд.

На какой поезд он купил билеты? Он купил билеты на поезд «Соловей».

Какой у Николая Николаевича вагон? У него седьмой вагон.

Где будет ждать Семён Николаевич своего брата? Семён Николаевич будет ждать своего брата на платформе.

Отлично!

Четырнадцатый урок

Поговорим! Упражнение 68

идти/войти

Ольга идёт в сторону того белого дома.   Ольга вошла в тот белый дом.

Михаил идёт в сторону тёмного гаража. Михаил вошёл в тёмный гараж.

Сейчас ровно 9 часов, и Олег идёт в сторону нового офиса. Сейчас ровно 9 часов, и Олег вошёл в новый офис.

Они идут в сторону итальянского ресторана. Они вошли в итальянский ресторан.

Мы идём в сторону маленького зелёного парка. Мы вошли в маленький зелёный парк.

Друзья идут в сторону второй аудитории. Друзья вошли во вторую аудиторию.

Борис Иванович Лобов идёт в сторону своего самолёта. Борис Иванович Лобов вошёл в свой самолёт.

Елена идёт в сторону небольшого уютного кафе. Елена вошла в небольшое уютное кафе.

Дети идут в сторону жёлтого школьного автобуса. Дети вошли в жёлтый школьный автобус.

Очень хорошо!

Поговорим! Упражнение 70

Обычно Игорь выходит из дома в 7:30. Сегодня Игорь вышел из дома в 7:30.

Обычно Ольга приходит на работу в 9 часов. Сегодня Ольга пришла на работу в 9 часов.

Обычно мы приезжаем на дачу утром. Сегодня мы приехали на дачу утром.

Обычно наши менеджеры приходят на собрание. Сегодня наши менеджеры пришли на собрание.

Обычно они въезжают на парковку в 7:45. Сегодня они въехали на парковку в 7:45.

Обычно я выезжаю из гаража в 8 часов. Сегодня я выехал из гаража в 8 часов.

Обычно Олег Петрович выходит из банка в 11 часов. Сегодня Олег Петрович вышел из банка в 11 часов.

Отлично!

129

Слушайте!

Юрий часто ездит на работу на машине. Вчера он стоял в пробке полтора часа и поэтому опоздал на важное собрание. Сегодня он решил поехать на общественном транспорте.

Юрий вышел из дома в 8 часов и пошёл на остановку автобуса. На остановке он ждал автобус 5 минут. Когда приехал автобус, Юрий сел в него и поехал на станцию метро. Он ехал на автобусе 15 минут. Потом он вышел из автобуса и пошёл в сторону метро. Юрий вошёл в вестибюль метро, купил в автомате два жетона и пошёл на платформу метро. На платформе он ждал поезд одну минуту. Когда приехал поезд, Юрий сел в него и поехал. Он ехал в метро 20 минут.

Потом Юрий вышел из метро и пошёл пешком на работу. Он шёл 3 минуты. Юрий пришёл в офис ровно в 9 часов. Сегодня он не опоздал на работу!

130

Слушайте!

Юрий часто ездит на работу на машине. Вчера он стоял в пробке полтора часа и поэтому опоздал на важное собрание. Сегодня он решил поехать на общественном транспорте.

131 А теперь слушайте и отвечайте!

Юрий обычно ездит на работу на машине или ходит пешком? Юрий обычно ездит на работу на машине.

Он вчера тоже ездил на работу на машине? Да, он вчера тоже ездил на работу на машине.

Юрий вчера опоздал на работу или не опоздал? Юрий вчера опоздал на работу.

Почему Юрий вчера опоздал на работу? Юрий вчера опоздал на работу, потому что стоял в пробке.

Сколько времени Юрий вчера стоял в пробке? Юрий вчера стоял в пробке полтора часа.

На чём сегодня Юрий решил поехать на работу: на своей машине или на общественном транспорте? Сегодня Юрий решил поехать на работу на общественном транспорте.

Очень хорошо!

132 Слушайте!

Юрий вышел из дома в 8 часов и пошёл на остановку автобуса. На остановке он ждал автобус 5 минут. Когда приехал автобус, Юрий сел в него и поехал на станцию метро. Он ехал на автобусе 15 минут.

133 А теперь слушайте и отвечайте!

Когда сегодня Юрий вышел из дома? Юрий сегодня вышел из дома в 8 часов.

Куда пошёл Юрий, когда он вышел из дома? Когда Юрий вышел из дома, он пошёл на остановку автобуса.

Юрий долго ждал автобус на остановке? Нет, Юрий недолго ждал автобус на остановке.

Как долго Юрий ждал автобус? Юрий ждал автобус 5 минут.

Что сделал Юрий, когда приехал автобус? Когда приехал автобус, Юрий сел в него.

Как долго Юрий ехал в автобусе? Юрий ехал в автобусе 15 минут.

Замечательно!

134 Слушайте!

Потом он вышел из автобуса и пошёл в сторону метро. Юрий вошёл в вестибюль метро, купил в автомате два жетона и пошёл на платформу метро. На платформе он ждал поезд одну минуту. Когда приехал поезд, Юрий сел в него и поехал. Он ехал в метро 20 минут.

Потом Юрий вышел из метро и пошёл пешком на работу. Он шёл 3 минуты. Юрий пришёл в офис ровно в 9 часов. Сегодня он не опоздал на работу!

135 А теперь слушайте и отвечайте!

Куда пошёл Юрий, когда он вышел из автобуса? Когда Юрий вышел из автобуса, он пошёл в сторону метро.

Сколько жетонов Юрий купил в автомате: 2 или 10? Юрий купил 2 жетона.

Юрий сегодня опоздал на работу? Нет, Юрий сегодня не опоздал на работу!

Отлично!

Пятнадцатый урок

136 Поговорим! Упражнение 74

Этот шикарный отель. Мы живём в номере ... Мы живём в номере этого шикарного отеля.

Наша маленькая группа. Вон там стоят студенты... Вон там стоят студенты нашей маленькой группы.

Это важное дело. Этот человек не может жить без .... Этот человек не может жить без этого важного дела.

Эта известная компания. Мы хотим купить акции... Мы хотим купить акции этой известной компании.

Ваш мобильный телефон. Какой номер... Какой номер вашего мобильного телефона?

То трудное задание. Это вопросы ... Это вопросы того трудного задания.

Моя жена. Это сумка.... Это сумка моей жены.

Его персональный компьютер. На столе нет... На столе нет его персонального компьютера.

Хорошо!

137 Слушайте!

Мария и Екатерина – подруги. Они живут в Москве и учатся в университете на третьем курсе. Сейчас у них каникулы, и девушки решили поехать в Санкт-Петербург на неделю, чтобы познакомиться ближе с историей этого города.

Мария и Екатерина уже купили билеты на поезд и упаковали чемоданы. У них осталась одна важная проблема – гостиница. Им надо найти подходящую гостиницу и забронировать номер.

138 А теперь слушайте и отвечайте!

Где учатся Мария и Екатерина?   Мария и Екатерина учатся в университете.

У них сейчас каникулы? Да, у них сейчас каникулы.

Куда решили поехать девушки? Девушки решили поехать в Санкт–Петербург.

Девушки уже купили билеты на поезд? Да, девушки уже купили билеты на поезд.

Какая важная проблема у них осталась? Им надо найти подходящую гостиницу.

Извините, какую гостиницу им надо найти? Им надо найти подходящую гостиницу.

Замечательно!

139 Слушайте!

Маша:	Катя, как ты думаешь, мы можем себе заказать гостиницу в центре города?
Катя:	Надо позвонить и узнать стоимость номера за сутки. Думаю, что надо выбрать небольшую гостиницу. Это обычно дешевле.
Маша:	Одна моя коллега в прошлом году ездила в Питер. Она останавливалась в гостинице «Русь». Она говорила, что это хорошая гостиница и в центре города. Так, сейчас посмотрим в интернете телефон гостиницы «Русь». Так, Санкт-Петербург, гостиницы. Гостиница «Русь». Вот, пожалуйста.

140 А теперь слушайте и отвечайте!

Где девушки хотят заказать гостиницу? Девушки хотят заказать гостиницу в центре города.

Коллега Маши останавливалась в гостинице «Русь» в прошлом году, да?
Да, коллега Маши останавливалась в гостинице «Русь» в прошлом году.

Извините, кто останавливался в гостинице «Русь» в прошлом году?
Коллега Маши останавливалась в гостинице «Русь» в прошлом году.

Отлично!

141 Слушайте!

Маша набирает телефонный номер гостиницы «Русь».

Администратор:	Гостиница «Русь».
Маша:	Добрый день. Мы звоним вам из Москвы. Хотим заказать номер на неделю. Приедем завтра.
Администратор:	Хорошо, какой номер вы хотите: стандартный или улучшенный?
Маша:	А сколько стоит стандартный и сколько стоит улучшенный?
Администратор:	Стандартный номер стоит 3000 рублей в сутки, цена улучшенного номера 4000 в сутки.
Маша:	Секунду. Сейчас посоветуюсь с подругой. Катя, обычный номер – 3000, улучшенный – дороже на одну тысячу. Что будем заказывать?
Катя:	Хм. Давай забронируем стандартный. Сэкономим деньги.
Маша:	Да, сэкономим деньги и походим по магазинам... Так, мы хотим заказать стандартный на неделю с завтрашнего дня.
Администратор:	Номер на одного или на двоих?
Маша:	На двоих, пожалуйста.
Администратор:	Вы будете завтракать в гостинице? Если да, то стоимость проживания с завтраком на двоих 3500 рублей в сутки.

Маша:	Да, хорошо.
Администратор:	Скажите, пожалуйста, вашу фамилию, имя, отчество.
Маша:	Кузнецова Мария Николаевна.
Администратор:	Мария, как будете платить?
Маша:	Наличными, если можно.
Администратор:	Да, можно наличными или кредитной картой.
Администратор:	Хорошо. Ваш номер телефона, пожалуйста.
Маша:	8- 888- 765-56-56.
Администратор:	8- 888- 765-56-56. Хорошо. Ждите.

Через 5 минут звонит телефон.

Маша:	Алло.
Администратор:	Мария Кузнецова?
Маша:	Да, это я.
Администратор:	Так. Вы забронировали номер на двоих с 18 июля по 25 июля на Марию Кузнецову. В стоимость проживания входят завтраки. Платить будете наличными в момент заселения. При себе вам нужно иметь паспорт. Всего доброго.
Маша:	Спасибо. До свидания.
Катя:	Всё? Ты забронировала номер?
Маша:	Да, с завтрашнего дня.
Катя:	Отлично! Я боялась, что все номера будут заняты.
Маша:	Я тоже боялась, что не будет номеров. И цена подходящая. Я думала, что будет дороже.

142 Слушайте!

Маша набирает телефонный номер гостиницы «Русь».

Администратор:	Гостиница «Русь».

Маша:	Добрый день. Мы звоним вам из Москвы. Хотим заказать номер на неделю. Приедем завтра.
Администратор:	Хорошо, какой номер вы хотите: стандартный или улучшенный?
Маша:	А сколько стоит стандартный и сколько стоит улучшенный?
Администратор:	Стандартный номер стоит 3000 рублей в сутки, цена улучшенного номера 4000 в сутки.
Маша:	Секунду. Сейчас посоветуюсь с подругой. Катя, обычный номер – 3000, улучшенный – дороже на одну тысячу. Что будем заказывать?
Катя:	Хм. Давай забронируем стандартный. Сэкономим деньги.
Маша:	Да, сэкономим деньги и походим по магазинам... Так, мы хотим заказать стандартный на неделю с завтрашнего дня.
Администратор:	Номер на одного или на двоих?
Маша:	На двоих, пожалуйста.
Администратор:	Вы будете завтракать в гостинице? Если да, то стоимость проживания с завтраком на двоих 3500 рублей в сутки.
Маша:	Да, хорошо.

143 А теперь слушайте и отвечайте!

Маша забронировала номер на одного или на двоих? Маша забронировала номер на двоих.

Где будут завтракать девушки? Девушки будут завтракать в гостинице.

Маша забронировала стандартный номер или улучшенный? Маша забронировала стандартный номер.

Почему Маша забронировала стандартный номер, а не улучшенный? Маша забронировала стандартный номер, потому что девушки решили сэкономить деньги.

Очень хорошо!

144 Слушайте!

Администратор:	Скажите, пожалуйста, вашу фамилию, имя, отчество.
Маша:	Кузнецова Мария Николаевна.
Администратор:	Мария, как будете платить?
Маша:	Наличными, если можно.
Администратор:	Да, можно наличными или кредитной картой.
Администратор:	Хорошо. Ваш номер телефона пожалуйста.
Маша:	8- 888- 765-56-56.
Администратор:	8- 888- 765-56-56. Хорошо. Ждите.

Через 5 минут звонит телефон.

Администратор:	Мария Кузнецова?
Маша:	Да, это я.
Администратор:	Так. Вы забронировали номер на двоих с 18 июля по 25 июля на Марию Кузнецову. В стоимость проживания входят завтраки. Платить будете наличными в момент заселения. При себе вам нужно иметь паспорт. Всего доброго.
Маша:	Спасибо. До свиданья.
Катя:	Всё? Ты забронировала номер?
Маша:	Да, с завтрашнего дня.
Катя:	Отлично! Я боялась, что все номера будут заняты.
Маша:	Я тоже боялась, что не будет номеров. И цена подходящая. Я думала, что будет дороже.

145 А теперь слушайте и отвечайте!

Девушки будут оплачивать номер кредитной картой или наличными? Девушки будут оплачивать номер наличными.

Когда девушки будут платить: сейчас или в момент заселения? Девушки будут платить в момент заселения.

Извините, как девушки будут оплачивать номер? Девушки будут оплачивать номер наличными.

Что нужно иметь при себе в момент заселения? В момент заселения при себе нужно иметь паспорт.

Чего боялись Катя и Маша? Катя и Маша боялись, что все номера будут заняты.

Замечательно!

146 Поговорим! Упражнение 75 А)

глагол **бояться**

Машенька/темнота: Машенька боится темноты.

Секретарша/начальник: Секретарша боится начальника.

Ты/летать на самолёте: Ты боишься летать на самолёте.

Мы/опоздать на поезд: Мы боимся опоздать на поезд.

Кот/собака: Кот боится собаки.

Люди с деньгами/инфляция: Люди с деньгами боятся инфляции.

Цветы/холод: Цветы боятся холода.

Наша собака/громкая музыка: Наша собака боится громкой музыки.

Очень хорошо!

Шестнадцатый урок

147

Поговорим!

глагол **бежать**

Василий бежит за вами. Вчера… Вчера Василий бежал за вами.

Девушка бежит за мной. Вчера девушка бежала за мной.

Мы бежим за ними. Вчера мы бежали за ними.

Вы бежите за нами. Вчера вы бежали за нами.

Собака бежит за кошкой. Вчера собака бежала за кошкой.

Дети бегут за своим тренером. Вчера дети бежали за своим тренером.

Пассажир бежит за автобусом. Вчера пассажир бежал за автобусом.

Хорошо!

148

Слушайте!

Большая собака:	Как ты думаешь, сколько метров отсюда до того дерева.
Маленькая собачка:	Я думаю, что я добегу до того места за 5 минут.
Большая собака:	А я думаю, что я смогу это сделать быстрее — я добегу до того дерева за две минуты! Я каждый день бегаю десять километров.
Маленькая собачка:	Раньше, когда мы жили рядом с парком, я тоже больше бегала, а сейчас я очень много езжу.
Большая собака:	А куда ты ездишь?
Маленькая собачка:	Ну я два раза в день езжу на лифте, в выходные мы с хозяином ездим на дачу, а в прошлую субботу мы ездили в деревню. У нас в деревне бабушка. Вот это был класс! Я там бегала за котом целый день.
Большая собака:	Я тоже люблю бегать за котами.

Слушайте!

Большая собака:	Как ты думаешь, сколько метров отсюда до того дерева.
Маленькая собачка:	Я думаю, что я добегу до того места за 5 минут.
Большая собака:	А я думаю, что я смогу это сделать быстрее - я добегу до того дерева за две минуты! Я каждый день бегаю десять километров.
Маленькая собачка:	Раньше, когда мы жили рядом с парком, я тоже больше бегала, а сейчас я очень много езжу.

150

А теперь слушайте и отвечайте!

За сколько минут добежит до дерева маленькая собачка? Маленькая собачка добежит до дерева за 5 минут.

Кто добежит до дерева быстрее? Большая собака добежит быстрее.

Сколько километров в день бегает большая собака? Большая собака бегает 10 километров в день.

Где раньше жила маленькая собачка? Маленькая собачка раньше жила рядом с парком.

Кто много ездит сейчас? Маленькая собачка сейчас много ездит.

Кто много бегает сейчас? Большая собака много бегает сейчас.

Хорошо!

Слушайте!

Большая собака:	А куда ты ездишь?
Маленькая собачка:	Ну я два раза в день езжу на лифте, в выходные мы с хозяином ездим на дачу, а в прошлую субботу мы ездили в деревню. У нас в деревне бабушка. Вот это был класс! Я там бегала за котом целый день.
Большая собака:	Я тоже люблю бегать за котами.

152 А теперь слушайте и отвечайте!

Куда ездит маленькая собачка в выходные? В выходные маленькая собачка ездит на дачу.

С кем она ездит на дачу? Она ездит на дачу с хозяином.

Куда ездила маленькая собачка в прошлую субботу? В прошлую субботу маленькая собачка ездила в деревню.

За кем она бегала в деревне? В деревне она бегала за котом.

Кто ещё любит бегать за котами? Большая собака тоже любит бегать за котами.

Отлично!

153 Слушайте!

Света:	Коля, ты живёшь далеко отсюда?
Коля:	От моего дома до моей работы полчаса на машине, если нет пробок.
Света:	А если есть пробки?
Коля:	А если есть пробки, то полтора часа.
Света:	А если на общественном транспорте?
Коля:	Ну, на общественном транспорте где-то час. И не надо думать о парковке.
Света:	Да, это правда.
Коля:	А ты как ездишь на работу?
Света:	В прошлом году, когда я только купила новую машину, я всё время ездила на работу на машине. Вождение по городу — это стресс, особенно зимой. Сейчас я езжу на работу на метро. От моего дома до работы всего 15 минут на метро. Я выхожу из дома в 8:30, и через полчаса я на работе. Очень удобно. И, как ты сказал, не надо думать о парковке.

Слушайте!

Света:	Коля, ты живёшь далеко отсюда?
Коля:	От моего дома до моей работы полчаса на машине, если нет пробок.
Света:	А если есть пробки?
Коля:	А если есть пробки, то полтора часа.
Света:	А если на общественном транспорте?
Коля:	Ну, на общественном транспорте где-то час. И не надо думать о парковке.
Света:	Да, это правда.

155

А теперь слушайте и отвечайте на вопросы!

Сколько Коля едет на машине от своего дома до работы, если нет пробок? Коля едет на машине от своего дома до работы полчаса если нет пробок.

Сколько Коля едет на машине от своего дома до работы, если есть пробки? От своего дома до работы Коля едет на машине полтора часа, если есть пробки.

Сколько Коля едет на общественном транспорте от своего дома до работы? Коля едет на общественном транспорте от своего дома до работы час.

Хорошо!

Слушайте!

Коля:	А ты как ездишь на работу?
Света:	В прошлом году, когда я только купила новую машину, я всё время ездила на работу на машине. Вождение по городу — это стресс, особенно зимой. Сейчас я езжу на работу на метро. От моего дома до работы всего 15 минут на метро. Я выхожу из дома в 8:30, и через полчаса я на работе. Очень удобно. И, как ты сказал, не надо думать о парковке.

157

А теперь слушайте и отвечайте на вопросы!

Как Света ездит на работу? Света ездит на работу на метро.

На чём Света ездила на работу в прошлом году? В прошлом году Света ездила на работу на машине.

Когда Света купила себе машину? Света купила себе машину в прошлом году.

Когда обычно Света выходит из дома? Обычно Света выходит из дома в 8:30.

Сейчас Свете надо думать о парковке? Сейчас Свете не надо думать о парковке.

Почему Свете не надо думать о парковке? Свете не надо думать о парковке, потому что она ездит на общественном транспорте.

Сколько Света едет на метро от своего дома до работы? От своего дома до работы Света едет пятнадцать минут.

Хорошо!

Ответы

Упражнение 1

2. Когда в Москве полночь, в Сан-Франциско 2 часа дня, в Берлине 11 часов вечера, в Токио 6 часов утра.   3. Когда в Москве 10 часов утра, в Сан-Франциско полночь, в Берлине 9 часов утра, в Токио 4 часа дня.   4. Когда в Москве 3 часа дня, в Сан-Франциско 5 часов дня, в Берлине 2 часа дня, в Токио 9 часов утра.

Упражнение 2

2. три часа дня ;   3. шесть часов вечера;   4. двенадцать часов дня, или полдень; 5. двенадцать часов ночи, или полночь;   6. три часа ночи;   7. пять часов утра; 8. четыре часа дня;   9. одиннадцать часов утра;   10. семь часов вечера;   11. час ночи.

Упражнение 3

2. Вчера директор был в офисе. 3. Вчера бабушка была дома целый день. 4. Вчера вино было в холодильнике. 5. Вчера деньги были в банке. 6. Вчера стол был здесь. 7. Вчера моё место было вон там. 8. Вчера ваша машина была под окном. 9. Вчера их вещи были в комнате. 10. Вчера море было такое синее! 11. Вчера наши сотрудники были на собрании. 12. Вчера моя дочь была в колледже.

Упражнение 4

2. купила; 3. купил; 4. звонила; 5. был; 6. были; 7. была; 8. сидел; 9. смотрел.

Упражнение 5

2. Утром мои коллеги были на собрании.   3. Позавчера дедушка был на базаре. 4. Оля, где ты была? 5. Игорь с Ольгой вчера вечером были в ресторане. 6. Вчера я не был на работе. 7. В четверг дети были в музее. 8. В субботу Виктор Сергеевич был на даче. 9. Ирина Александровна, где вы были вчера? 10. Сегодня в 8 часов утра я был с другом в бассейне. 11. Мы с женой в пятницу вечером были в кино.

Упражнение 6

А) 2. Ты был готов в пять часов. 3. Игорь с Ольгой были готовы вечером. 4. Дети были готовы в час дня. 5. Твоя машина была готова в четверг утром. 6. Мой проект был готов в понедельник. 7. Ваши документы были готовы в январе.

8. Письмо было готово в субботу в два часа дня. 9. Вы были готовы в четыре часа дня. 10. Наши паспорта были готовы в пятницу. 11. Праздничное меню было готово в восемь часов утра. 12. Ты была готова в пять часов дня.

Б) 2. Ты будешь готов в пять часов. 3. Игорь с Ольгой будут готовы вечером. 4. Дети будут готовы в час дня. 5. Твоя машина будет готова в четверг утром. 6. Мой проект будет готов в понедельник. 7. Ваши документы будут готовы в январе. 8. Письмо будет готово в субботу в 2 часа дня. 9. Вы будете готовы в четыре часа дня. 10. Наши паспорта будут готовы в пятницу. 11. Праздничное меню будет готово в восемь часов утра. 12. Ты будешь готова в пять часов дня.

Упражнение 7

2. Вы думаете о ней. 3. Она думает о нём. 4. Он думает о нас. 5. Мы думаем о них. 6. Они думают обо мне. 7. Я думаю о тебе. 8. Ты думаешь о менеджере. 9. Менеджер думает об Анне. 10. Анна думает о дедушке. 11. Дедушка думает об Ольге Ивановне. 12. Ольга Ивановна думает о Петре Сергеевиче. 13. Пётр Сергеевич думает о Марии Александровне. 14. Мария Александровна думает о студенте. 15. Студент думает о студентке. 16. Студентка думает о пассажире. 17. Пассажир думает о жене. 18. Жена думает о брате. 19. Брат думает о сыне.

Упражнение 8

2. Это Владимир. На нём тёмно-синий джемпер. 3. Это Ольга Ивановна. На ней домашний халат и тапки. 4. Это Виктор Сергеевич. На нём чёрный костюм, белая рубашка и серый галстук. 5. Это Таня и Маша. На них одинаковые жёлтые футболки. 6. Это ты. На тебе белая футболка и шорты. 7. Это вы. На вас розовая блузка и белая юбка. 8. Это я. На мне бежевый свитер и серые брюки. 9. Это мы. На нас карнавальные костюмы. 10. Это они. На них белые пиджаки.

Упражнение 9

2. Кто раньше работал на заводе? 3. Что лежало в вазе? 4. Кто ходил по крыше? 5. Что лежало в сумке? 6. Что здесь было? 7. Кто был там? 8. Кто был у директора? 9. Что всегда лежало рядом с телефоном? 10. Что здесь раньше стояло? 11. Кто позавчера видел Виктора Сергеевича? 12. Кто здесь был? 13. Кто раньше жил в деревне?

Упражнение 10

2. Анна Юрьевна была в деревне. 3. Эльвира с Антоном были во Франции. 4. Мы были на почте. 5. Они были в офисе. 6. Ты был дома. 7. Я была в школе. 8. Вы были на собрании. 9. Моя жена была в магазине. 10. Мой брат был в Америке. 11. Наши родители были в ресторане. 12. Андрей был на работе. 13. Сева с Олесей были в кино. 14. Нина была в Италии.

Упражнение 11

2. Анна Юрьевна была в деревне. 3. Эльвира с Антоном были во Франции. 4. Мы были на почте. 5. Они были в офисе. 6. Ты был дома. 7. Я была в школе. 8. Вы были на собрании. 9. Моя жена была в магазине. 10. Мой брат был в Америке. 11. Наши родители были в ресторане. 12. Андрей был на работе. 13. Сева с Олесей были в кино. 14. Нина была в Италии.

Упражнение 12

2. Как Юля приехала в университет? Юля приехала в университет на троллейбусе. 3. Как Оля и Саша пришли в школу? Оля и Саша пришли в школу пешком. 4. Как Максим приехал в магазин? Максим приехал в магазин на велосипеде. 5. Как мама Марины пришла на почту? Мама Марины пришла на почту пешком. 6. Как Сергей приехал в тренажёрный зал? Максим приехал в тренажёрный зал на метро. 7. Как друзья приехали в ресторан? Друзья приехали в ресторан на машине.

Упражнение 13

2. берут; 3. беру; 4. берёте; 5. берёшь; 6. берёт; 7. берём; 8. брать; 9. беру.

Упражнение 14

2. Я кончаюсь, ты кончаешься, он/она/оно кончается, мы кончаемся, вы кончаетесь, они кончаются. 3. Я открываюсь, ты открываешься, он/она/оно открывается, мы открываемся, вы открываетесь, они открываются. 4. Я делаюсь, ты делаешься, он/она/оно делается, мы делаемся, вы делаетесь, они делаются. 5. Я читаюсь, ты читаешься, он/она/оно читается, мы читаемся, вы читаетесь, они читаются. 6. Я здороваюсь, ты здороваешься, он/она/оно здоровается, мы здороваемся, вы

здороваетесь, они здороваются. 7. Я занимаюсь, ты занимаешься, он/она/оно занимается, мы занимаемся, вы занимаетесь, они занимаются. 8. Я начинаюсь, ты начинаешься, он/она/оно начинается, мы начинаемся, вы начинаетесь, они начинаются.

Упражнение 15

2. начинает; 3. начинается; 4. пишет; 5. пишется; 6. умываемся; 7. встречаются; 8. встречать.

Упражнение 16

2. На нём лежит твой мобильный телефон. 3. В нём едут пассажиры. 4. В нём живут мои родители. 5. На ней стоят мои книги. 6. На ней лежит карандаш. 7. В нём виноградный сок. 8. В ней были ваши коллеги. 9. В ней работала твоя подруга. 10. В ней лежит наша фотография. 11. В нём едут наши соседи. 12. На нём были её сотрудники.

Упражнение 17

2. здоровается; 3. писалось; 4. не умывался; 5. делались; 6. открывалось; 7. кончался; 8. начинались; 9. познакомились; 10. занимался, учился.

Упражнение 18

2. Вы разговариваете с ней. 3. Она разговариваем с ним. 4. Он разговаривает с нами. 5. Мы разговариваем с ними. 6. Они разговаривают со мной. 7. Я разговариваю с тобой. 8. Ты разговариваешь с менеджерами. 9. Менеджеры разговаривают с Анной. 10. Анна разговаривает с Ольгой Ивановной. 11. Ольга Ивановна разговаривает с Петром Сергеевичем. 12. Пётр Сергеевич разговаривает с Марией Александровной. 13. Мария Александровна разговаривает со студентом. 14. Студент разговаривает со студенткой. 15. Студентка разговаривает с пассажиром. 16. Пассажир разговаривает с женой. 17. Жена разговаривает с братом. 18. Брат разговаривает с сыном. 19. Сын разговаривает с сестрой. 20. Сестра разговаривает с дедушкой.

Упражнение 19

2. Саша всегда здоровается с ними. 3. Над ним висела большая хрустальная люстра. 4. Они раньше редко общались с ними. 5. Я уже говорила с ней об этом. 6. За ними было озеро. 7. С нами были наши родители. 8. Я сегодня занимаюсь с ней. 9. Лида не хочет разговаривать с ним по телефону.

Упражнение 20

2. Одно письмо, два письма, пять писем; 3. одно дело, два дела, пять дел; 4. одно место, два места, пять мест; 5. одно блюдо, два блюда, пять блюд; 6. одно окно, два окна, пять окон; 7. одно яйцо, два яйца, пять яиц; 8. одно озеро, два озера, пять озёр; 9. одно солнце, два солнца, пять солнц; 10. одно яблоко, два яблока, пять яблок; 11. одно лицо, два лица, пять лиц; 12. одно кресло, два кресла, пять кресел; 13. одно число, два числа, пять чисел.

Упражнение 21

2. синем, кухонном; 3. том синем; 4. большом красивом; 5. молодом; 6. большом; 7. шикарном; 8. третьем; 9. оливковом; 10. первом; 11. тридцать третьем; 12. хорошем; 13. уютном маленьком.

Упражнение 22

2. На каком этаже живёт Марина? Марина живёт на четвёртом этаже. 3. На каком этаже живёт Иван Иванович? Иван Иванович живёт на одиннадцатом этаже. 4. На каком этаже мы живём? Мы живём на пятом этаже. 5. На каком этаже вы живёте? Вы живёте на третьем этаже. 6. На каком этаже ты живёшь? Ты живёшь на восьмом этаже. 7. На каком этаже живут студенты? Студенты живут на четырнадцатом этаже. 8. На каком этаже я живу? Я живу на двадцать третьем этаже. 9. На каком этаже живут Ольга с Игорем? Ольга с Игорем живут на втором этаже.

Упражнение 23

2. Сегодня мы идём в кино одни. 3. Сегодня Ирина идёт на дискотеку одна. 4. Сегодня мама едет на работу одна. 5. Сегодня вы едете в банк одни. 6. Сегодня

ты работаешь один.   7. Сегодня Нина Петровна идёт на рынок одна.   8. Сегодня обедаю в кафе одна.

Упражнение 24

2. Максиму надо заниматься футболом.   3. Юрию надо заниматься теннисом. 4. Леночке надо заниматься балетом.   5. Петру надо заниматься математикой. 6. Сергею надо заниматься физикой.   7. Ирине надо заниматься гимнастикой. 8. Сергею Ивановичу надо заниматься бизнесом.   9. Отцу надо заниматься сыном.

Упражнение 25

2. этом деле;   3. об этом, о том;   4. этом офисе;   5. том море;   6. этом событии; 7. том классе;   8. этом общежитии;   9. этом вопросе.

Упражнение 26

2. мази;   3. полночи;   4. медали;   5. смерти;   6. мыши;   7. крови;   8. любви;   9. осени; 10. соли.

Упражнение 27

2. Садовой улице;   3. маленькой стране;   4. очень известной актрисе; 5. хрустальной вазе;   6. гостиной;   7. левой руке;   8. синей немецкой машине; 9. итальянской опере;   10. автобусной остановке;   11. детской площадке;   12. очень хорошей выставке;   13. младшей сестре.   14. большой деревянной двери.

Упражнение 28

2. Где находится церковь? Церковь находится на бульваре Мира.   3. Где нахожусь я? Я нахожусь в торговом центре «Линия».   4. Где находишься ты? Ты находишься на Театральной площади.   5. Где находятся они? Они находятся на улице Зелёной. 6. Где находятся книги? Книги находятся на полке.   7. Где находится директор? Директор находится в кабинете.   8. Где находимся мы? Мы находимся на Красной площади.   9. Где находятся ключи? Ключи находятся в кармане.   10. Где находитесь вы? Вы находитесь в кафе «Весна».   11. Где находится моя сестра? Моя сестра находится в оперном театре.

Упражнение 29

2. Это дом, в котором живут мои дедушка с бабушкой. 3. Это самолёт, на котором летает Борис Иванович. 4. Это такси, на котором приехала Ирина. 5. Это стол, на котором лежит книга. 6. Это ваза, в которой стоят цветы.

Упражнение 30

2. Одна суббота, две субботы, нет суббот; 3. один час, два часа, нет часов; 4. одно вино, два вина, нет вин; 5. одна секретарша, две секретарши, нет секретарш; 6. один завтрак, два завтрака, нет завтраков; 7. один портфель, два портфеля, нет портфелей; 8. одна минута, две минуты, нет минут; 9. один вечер, два вечера, нет вечеров; 10. одна секунда, две секунды, нет секунд; 11. один друг, два друга, нет друзей; 12. один рубль, два рубля, нет рублей; 13. один мужчина, два мужчины, нет мужчин; 14. один текст, два текста, нет текстов; 15. одно кольцо, два кольца, нет колец; 16. один гость, два гостя, нет гостей; 17. одна медсестра, две медсестры, нет медсестёр.

Упражнение 31

А) 2. При заводе есть общежитие. 3. При общежитии есть столовая. 4. При этом спортивном комплексе есть сауна. 5. При этом ресторане есть бильярдная комната. 6. При этом магазине есть парковка. 7. При вокзале есть почта. 8. При школе есть большой бассейн. 9. При отеле есть отличный ресторан.

Б) 2. При них были деньги. 3. Ученики сидят тихо при учителе. 4. При начальнике секретарша не болтает по телефону. 5. Я не хочу говорить об Игоре Ивановиче при Марине. 6. При мне была фотография сына.

Упражнение 32

2. На каком языке разговаривает Мари Поль? Мари Поль разговаривает на французском. 3. На каком языке разговаривает Моника? Моника разговаривает на немецком. 4. На каком языке разговаривает Джеймс? Джеймс разговаривает на английском. 5. На каком языке разговаривает Амир? Амир разговаривает на арабском. 6. На каком языке разговаривает Хосе? Хосе разговаривает на испанском. 7. На каком языке разговаривает Сунь Чен? Сунь Чен разговаривает на

китайском. 8. На каком языке разговаривает Макико? Макико разговаривает на японском. 9. На каком языке разговаривает Майк? Майк разговаривает на английском. 10. На каком языке разговаривает Сулико? Сулико разговаривает на грузинском.

Упражнение 33

2. учатся; 3. учишься; 4. учите; 5. учит; 6. учусь; 7. учила; 8. учились; 9. учил; 10. учить.

Упражнение 34

2. Он обещал купить ему велосипед. 3. Он говорил им, что видел меня. 4. Она дала нам два словаря. 5. Он звонил ему в четверг. 6. Она купила ей дорогой подарок. 7. Они обещали им не ссориться. 8. Она говорила ему, что звонила его мама. 9. Он обещал ей купить новый телефон.

Упражнение 35

2. Родители покупают машину себе. 3. Елена Владимировна говорит о себе. 4. Виктор работает на фирме у себя. 5. Зина всё время думает о себе. 6. Нина с Мариной хотят обсудить этот вопрос между собой. 7. Илона любит себя. 8. Аня смотрит в зеркало на себя.

Упражнение 36

2. В какой квартире живёт Николай Петрович? 3. О каком проекте говорил наш менеджер? 4. В какой фирме работает брат Елены? 5. В какой квартире сейчас живёт сестра Михаила Андреевича? 6. В каком платье сегодня пришла на работу Ольга? 7. В каком упражнении есть ошибка? 8. На каком этаже живут мои друзья?

Упражнение 37

А) 2. Вы стрижёте её сами. 3. Она стрижёт его сама. 4. Он стрижёт нас сам. 5. Мы стрижём их сами. 6. Они стригут Елену Борисовну сами. 7. Елена Борисовна стрижёт Владимира сама. 8. Владимир стрижёт Михаила Николаевича сам. 9. Михаил Николаевич стрижёт Людмилу сам. 10. Людмила стрижёт тебя сама.

11. Ты стрижёшь брата сама. 12. Брат стрижёт меня сам. 13. Я стригу сына сама. 14. Сын стрижёт бабушку сам. 15. Бабушка стрижёт дедушку сама. 16. Дедушка стрижёт внука сам.

Б) 2. Вы стригли её сами. 3. Она стригла его сама. 4. Он стриг нас сам. 5. Мы стригли их сами. 6. Они стригли Елену Борисовну сами. 7. Елена Борисовна стригла Владимира сама. 8. Владимир стриг Михаила Николаевича сам. 9. Михаил Николаевич стриг Людмилу сам. 10. Людмила стригла тебя сама. 11. Ты стригла брата сама. 12. Брат стриг меня сам. 13. Я стригла сына сама. 14. Сын стриг бабушку сам. 15. Бабушка стригла дедушку сама. 16. Дедушка стриг внука сам.

Упражнение 38

2. Марина не сделала уроки в пятницу вечером. 3. Студент выучил новые слова. 4. Михаил Сергеевич поговорил с менеджером о вас. 5. Ирина прочитала роман Пушкина «Евгений Онегин». 6. Утром наша мама приготовила обед. 7. Молодой человек посмотрел на девушку. 8. В субботу утром Борис постриг брата. 9. Я вчера посмотрел очень интересный документальный фильм по телевизору.

Упражнение 39

2. пообедали, обедаем; 3. позвонила, звоню; 4. выучили, учат; 5. постригла, стрижёт; 6. съели, едят; 7. сделали, делаете; 8. написала, пишет.

Упражнение 40

2. Анна Николаевна посчитает деньги. 3. Парикмахер пострижёт клиента. 4. Борис напишет электронное письмо другу. 5. Мы посмотрим балет «Лебединое озеро». 6. Ученики сделают упражнение номер четырнадцать. 7. Наши дети выучат стихи. 8. Леночка съест мороженое. 9. Ты прочитаешь иностранный журнал.

Упражнение 41

2. шикарный белый кадиллак; 3. классическую музыку; 4. французский ресторан; 5. новую песню; 6. замечательную музыку; 7. деревянную дверь; 8. электронную почту; 9. иностранную валюту.

Упражнение 42

2. Елена Петровна обожала итальянскую оперу. 3. Мы с братом смотрели детские фотографии. 4. Ольга хотела купить мужу клетчатую рубашку. 5. Машенька не хотела есть манную кашу. 6. Михаил преподавал русскую литературу. 7. Дедушка сидел в кресле и читал интересный журнал. 8. Мой брат обожал испанскую гитару. 9. Джон заполнял таможенную декларацию. 10. Пётр любил смешные истории. 11. Григорий смотрел на олимпийскую медаль. 12. Мой брат ходил в среднюю школу № 296.

Упражнение 43

2. везёт, возит; 3. везу; 4. вожу; 5. везёт; 6. везут; 7. везти.

Упражнение 44

2. Нет, я сейчас с ней знакомлюсь. 3. Нет, я её сейчас читаю. 4. Нет, я его сейчас пишу. 5. Нет, я его сейчас стригу. 6. Нет, я его сейчас читаю. 7. Нет, я её сейчас заполняю. 8. Нет, мы их сейчас смотрим. 9. Нет, я его сейчас покупаю.

Упражнение 45

2. Кому Миша сам купил машину? 3. Кого мы сами видим в зеркале? 4. Куда Саша с Мариной вчера ходили? 5. Где был в среду Николай Иванович? 6. Когда мы едем на дачу? 7. Куда пригласил Григорий Анну? 8. Какую книгу я прочитал? 9. В каком аэропорту сейчас находится Джон? 9. Кому моя жена купила новое платье?

Упражнение 46

2. известного спортсмена; 3. смешного синего клоуна; 4. пушистого рыжего кота; 5. старшего брата; 6. хорошего слесаря; 7. маленького мальчика; 8. каждого клиента.

Упражнение 47

2. Я помню своего первого учителя. 3. Николай Николаевич знает свою старую

машину.   4. Игорь пришёл на вечеринку в ресторан со своей женой Ольгой. 5. Мария Ивановна поздравляет с днём рождения свою подругу.   6. Я иду домой и вижу своего нового соседа.   7. Юлия уже у минут ищет телефон в своей новой сумке.   8. Андрей всё время говорит о своём новом проекте.   9. Менеджер знает своего старого клиента.   10. Сын в первый раз видит в форме пилота своего отца. 11. Макс говорит по телефону со своим старшим братом.

Упражнение 48

2. поэтому; 3. потому что; 4. потому что; 5. поэтому; 6. потому что; 7. потому что; 8. поэтому; 9. потому что; 10. поэтому.

Упражнение 49

2. Кого Нина стрижёт сама? 3. Что не любит наш папа? 4. Кого хочет показать нам менеджер? 5. Кого помнит Мария Ивановна? 6. Что не помнит Катя? 7. Кого ты не понимаешь?   8. Что использует большинство людей?   9. Что купил себе Максим? 10. Кого Андрей Борисович не видел 2 года?

Упражнение 51

2. Вы похожи на неё. 3. Она похожа на него. 4. Он похож на нас. 5. Мы похожи на них.   6. Они похожи на Елену Борисовну.   7. Елена Борисовна похожа на Владимира. 8. Владимир похож на Михаила Николаевича. 9. Михаил Николаевич похож на Людмилу. 10. Людмила похожа на тебя. 11. Ты похожа на брата. 12. Брат похож на меня. 13. Я похожа на сына. 14. Сын похож на бабушку. 15. Бабушка похожа на дедушку. 16. Дедушка похож на внука. 17. Внук похож на маму.

Упражнение 52

2. Завтра Нина пострижёт своего пуделя. 3. Завтра Миша посмотрит интересный французский фильм. 4. Завтра мы поедем в аэропот на такси. 5. Куда вы завтра пойдёте? 6. Завтра Игорь купит себе новый компьютер. 7. Завтра студенты выучат новые слова.   8. Завтра Оля напишет письмо Марине.   9. Завтра бабушка приготовит ужин.

Упражнение 53

2. придёт;   3. прочитаю;   4. идут;   5. напишет;   6. ест;   7. посмотрим;
8. идёте/пойдёте;   9. пострижёт.

Упражнение 54

2. Это Иван Холодов. Откуда он? Он из России. Из какого он города? Он из Москвы.   3. Это Майк Джонсоп. Откуда он? Он из Америки. Из какого он города? Он из Вашингтона.   4. Это Лучано Доннола. Откуда он? Он из Италии. Из какого он города? Он из Рима.   5. Это Минь Минь Хо. Откуда она? Она из Китая. Из какого она города? Она из Пекина.   6. Это Франсуа Легран. Откуда он? Он из Канады. Из какого он города? Он из Монреаля.   7. Это Мигель Лорка. Откуда он? Он из Испании. Из какого он города? Он из Мадрида.   8. Это Педро Мендоза. Откуда он? Он из Мексики. Из какого он города? Он из Мехико.   9. Это Ганс Крюгер. Откуда он? Он из Германии. Из какого он города? Он из Берлина.   10. Это Антон Ботев. Откуда он? Он из Болгарии. Из какого он города? Он из Софии.   11. Это Клеопатра Аббас. Откуда она? Она из Египта. Из какого он города? Она из Каира.   12. Это Карлос Марадона. Откуда он? Он из Аргентины. Из какого он города? Он из Буэнос-Айреса.

Упражнение 55

2. Нет, у Максима нет новой японской машины.   3. Нет, у Игоря и Ольги нет большой рыжей собаки.   4. Нет, рядом с домом нет детской площадки.   5. Нет, у Евгения Николаевича нет туристической компании.   6. Нет, здесь нет автобусной станции.   7. Нет, у Виктории нет хорошей подруги.   8. Нет, на столе нет хрустальной вазы.   9. Нет, в этом районе нет мобильной связи.

Упражнение 56

2. Эта семья едет с Чёрного моря.   3. Мы идём с международной выставки.   4. Дети идут из кукольного театра.   5. Артисты идут с генеральной репетиции.   6. Ты едешь из оперного театра.   7. Они едут из большого города.

Упражнение 57

1. большой белой чашки;   2. большого письменного стола;   3. оперного театра;   4. первой платформы;   5. старшего брата;   6. русской народной сказки;   7. любимой подруги;   8. великого русского писателя Льва Николаевича Толстого;   9. следующей пятницы;   10. большого города;   11. одной известной газеты;   12. персонального компьютера.

Упражнение 58

2. Сегодня четверг.   3. Он решил приехать в Москву на два дня раньше.   4. В Москве живёт брат Николая Николаевича. 5. Он решил приехать в Москву на два дня раньше, потому что он давно не видел брата.   6. Обычно Николай Иванович ездит в Москву на поезде.   7. Сейчас Николай Николаевич стоит у окошка кассы. 8. Он хочет купить билет в Москву.   9. Он хочет купить купе.   10. Николай Николаевич хочет купить билет в Москву на восьмое августа.   11. Николай Николаевич хочет купить обратный билет на тринадцатое августа.   12. Его билеты стоят две тысячи девятьсот сорок пять рублей.

Упражнение 59

2. Поезд № 079 Москва — Волгоград отправляется из Москвы в 08:53 с восьмого пути. Поезд № 079 Москва — Волгоград прибывает в Волгоград в 11:42. 3. Поезд № 105 Москва — Курск отправляется из Москвы в 11:20 с пятого пути. Поезд № 105 Москва — Курск прибывает в Курск в 20:13.   4. Поезд № 111 Москва — Севастополь отправляется из Москвы в 15:00 с десятого пути. Поезд № 111 Москва — Севастополь прибывает в Севастополь в 17:10. 5. Поезд № 099 Москва — Санкт-Петербург отправляется из Москвы в 15:19 с первого пути. Поезд № 099 Москва — Санкт-Петербург прибывает в Санкт-Петербург в 23:23.   6. Поезд № 116 Москва — Владимир отправляется из Москвы в 18:04 с четвёртого пути.   Поезд № 116 Москва — Владимир прибывает во Владимир в 20:32.   7. Поезд № 048 Москва — Омск отправляется из Москвы в 19:00 с девятого пути. Поезд № 048 Москва — Омск прибывает в Омск 09:38. 8. Поезд № 125 Москва — Нижний Новгород отправляется из Москвы в 23:20 с шестого пути. Поезд № 125 Москва — Нижний Новгород прибывает в Нижний Новгород 17:20.

Упражнение 60

2. Из какого города отправляется поезд № 079? Поезд № 079 отправляется из Москвы. До какого города едет поезд № 079? Поезд № 079 едет до Волгограда. 3. Из какого города отправляется поезд № 105? Поезд № 105 отправляется из Москвы. До какого города едет поезд № 105? Поезд №105 едет до Курска. 4. Из какого города отправляется поезд № 111? Поезд № 111 отправляется из Москвы. До какого города едет поезд № 111? Поезд № 111 едет до Севастополя. 5. Из какого города отправляется посзд № 099? Поезд № 099 отправляется из Москвы. До какого города едет поезд № 099? Поезд № 099 едет до Санкт-Петербурга. 6. Из какого города отправляется поезд № 116? Поезд № 116 отправляется из Москвы. До какого города едет поезд № 116? Поезд № 116 едет до Владимира. 7. Из какого города отправляется поезд № 048? Поезд № 048 отправляется из Москвы. До какого города едет поезд № 048? Поезд № 048 едет до Омска. 8. Из какого города отправляется поезд № 125? Поезд № 0125 отправляется из Москвы. До какого города едет поезд № 125? Поезд № 125 едет до Нижнего Новгорода.

Упражнение 61

2. Пока, до вторника! 3. Пока, до среды! 4. Пока, до четверга! 5. Пока, до пятницы! 6. Пока, до субботы! 7. Пока, до воскресенья!

Упражнение 62

2. позвонил; 3. позавтракала; 4. говорил; 5. поговорил; 6. звонил; 7. поработали; 8. почитал, поговорил, позвонил.

Упражнение 63

2. Семён Семёнович сел в автобус. 3. Кто это там сел в машину? 4. Они сели в трамвай на этой остановке. 5. Куда ты сел? Это не наши места. 6. Вы сели у окна? 7. Алло, мы сели в самолёт, и я не могу больше разговаривать по телефону.

Упражнение 64

2. Завтра Пётр, как обычно, придёт и сядет на стул. 3. Завтра ты сядешь рядом со мной. 4. Завтра вы сядете вот здесь, справа. 5. Завтра наши друзья сядут на поезд и поедут в Москву. 6. Завтра Юля сядет у окна. 7. Завтра пассажиры сядут в самолёт. 8. Завтра в 8 часов я сяду в метро и поеду на работу. 9. Завтра мы сядем в троллейбус и поедем на вокзал.

Упражнение 65

2. Куда мне садиться? 3. Где любит сидеть Юля, когда за окном идёт дождь? 4. Где сидят наши друзья? 5. Куда мы завтра сядем? 6. Куда вы сядете? 7. Куда садятся пассажиры? 8. Где сидел Олег? 9. Куда я сажусь? 10. Где мы сидим? 11. Куда сел мальчик?

Упражнение 66

2. сидит; 3. садишься; 4. сели; 5. садимся; 6. сидим; 7. села; села; сажусь; 8. сидит; 9. сел; 10. садись, садись.

Упражнение 67

2. нашего менеджера; 3. того здания; 4. моего мнения; 5. этого человека; 6. чьей квартиры, вашей, нашей; 7. своего отца; 8. вашей команды; 9. своей мамы; 10. нашего папы; 11. которого подъезда, того, этого; 12. их дома.

Упражнение 68

2. Михаил вошёл в тёмный гараж. 3. Сейчас ровно 9 часов, и Олег вошёл в новый офис. 4. Они вошли в итальянский ресторан. 5. Вы вошли в маленький зелёный парк. 6. Друзья вошли во вторую аудиторию. 7. Ты вошла в красивое серое здание. 8. Борис Иванович Лобов вошёл в свой самолёт. 9. Елена вошла в небольшое уютное кафе. 10. Дети вошли в жёлтый школьный автобус.

Упражнение 69

2. Михаил уже вышел из тёмного гаража? Нет, он из него сейчас выходит. 3. Сейчас ровно 9 часов, и Олег уже вышел из нового офиса? Нет, он из него сейчас

выходит. 4. Они уже вышли из итальянского ресторана? Нет, они из него сейчас выходят. 5. Вы уже вышли из маленького зелёного парка? Нет, мы из него сейчас выходим. 6. Друзья уже вышли из второй аудитории? Нет, они из неё сейчас выходят. 7. Ты уже вышла из красивого серого здания? Нет, я из него сейчас выхожу. 8. Борис Иванович Лобов уже вышел из своего самолёта? Нет, он из него сейчас выходит. 9. Елена уже вышла из небольшого уютного кафе? Нет, она из него сейчас выходит. 10. Дети уже вышли из жёлтого школьного автобуса? Нет, они из него сейчас выходят.

Упражнение 70

2. приходит, пришла; 3. приезжаем, приехали; 4. приходят, пришли; 5. въезжают, въехали; 6. выезжаю, выехала; 7. приезжают, приехали; 8. вышел, выходит.

Упражнение 71

2. вошли; 3. вышел, поехал; 4. поехала; 5. вышли; 6. поехал; 7. приехали; 8. пришли; 9. вышел, пошёл; 10. пришёл.

Упражнение 72

2. Анна Григорьевна пришла с этой почты. 3. Дети пришли из спортивной школы. 4. Они приехали из ботанического сада. 5. Ты приехал с вокзала. 6. Школьники приехали из исторического музея. 7. Григорий приехал из аэропорта. 8. Михаил приехал с дачи. 9. Виктор Сергеевич пришёл из университета. 10. Она приехала с той автобусной станции.

Упражнение 73

2. Иван Петрович работает в нашей компании с сегодняшнего дня. 3. Игорь Петрович работает в вашем университете с завтрашнего дня. 4. Нина Николаевна работает в этом магазине с прошлой недели. 5. Мы работаем в этой школе с прошлого месяца. 6. Ты работаешь в этом институте с прошлого года. 7. Ирина Викторовна работает в этой фирме с прошлого лета. 8. Михаил работает в той фирме с прошлой весны. 9. Я работаю в той библиотеке с прошлой зимы. 10. Вы работаете в этом банке с прошлой осени. 11. Джеймс работает в компании «Боинг» с две тысячи первого года. 12. Они работают в оперном театре с две тысячи

второго года. 13. Наш начальник работает в этой корпорации с тысяча девятьсот девяносто третьего года.

Упражнение 74

2. нашей маленькой группы; 3. этого важного дела; 4. этой известной компании; 5. вашего мобильного телефона; 6. того трудного задания; 7. моей жены; 8. его персонального компьютера; 9. вашего сарказма; 10. известного русского писателя; 11. популярной французской певицы.

Упражнение 75

А) 2. Секретарша боится начальника. 3. Ты боишься летать на самолёте. 4. Мы боимся опоздать на поезд. 5. Кот боится собаки. 6. Люди с деньгами боятся инфляции. 7. Цветы боятся холода. 8. Наша собака боится громкой музыки.

Б) 2. Секретарша боялась начальника. 3. Ты боялся летать на самолёте. 4. Мы боялись опоздать на поезд. 5. Кот боялся собаки. 6. Люди с деньгами боялись инфляции. 7. Цветы боялись холода. 8. Наша собака боялась громкой музыки.

Упражнение 76

2. С какого собрания пришёл Григорий? 3. Какого словаря у них нет? 4. Из какой чашки любит пить кофе Ольга? 5. С какого дня мы будем работать над новым проектом? 6. С какой осени вы будете учиться в новой школе? 7. С какого года здесь стоит этот памятник? 8. Из какого/чьего альбома я беру фотографию? 9. С какой недели вы у них не работаете? 10. С какого момента я буду сам контролировать этот процесс? 11. С какого года мы знаем друг друга? 12. Какого театра нет в этом городе?

Упражнение 77

А) 2. Вы бежите за ней. 3. Она бежит за ним. 4. Он бежит за нами. 5. Мы бежим за ними. 6. Они бегут за Еленой Борисовной. 7. Елена Борисовна бежит за Владимиром. 8. Владимир бежит за Михаилом Николаевичем. 9. Михаил Николаевич бежит за Людмилой. 10. Людмила бежит за тобой. 11. Ты бежишь за братом. 12. Брат бежит за мной. 13. Я бегу за сыном. 14. Сын бежит за бабушкой.

15. Бабушка бежит за дедушкой. 16. Дедушка бежит за внуком. 17. Внук бежит за мамой. 18. Мама бежит за сестрой.

Б) 2. Вы бежали за ней. 3. Она бежала за ним. 4. Он бежал за нами. 5. Мы бежали за ними. 6. Они бежали за Еленой Борисовной. 7. Елена Борисовна бежала за Владимиром. 8. Владимир бежал за Михаилом Николаевичем. 9. Михаил Николаевич бежал за Людмилой. 10. Людмила бежала за тобой. 11. Ты бежала за братом. 12. Брат бежал за мной. 13. Я бежала за сыном. 14. Сын бежал за бабушкой. 15. Бабушка бежала за дедушкой. 16. Дедушка бежал за внуком. 17. Внук бежал за мамой. 18. Мама бежала за сестрой.

Упражнение 78

1. Маленькая собачка добежит до дерева за 5 минут. 2. Большая собака добежит быстрее. 3. Большая собака бегает 10 километров в день. 4. Маленькая собачка раньше жила рядом с парком. 5. Маленькая собачка сейчас много ездит. 6. Большая собака много бегает сейчас. 7. В выходные маленькая собачка ездит на дачу. 8. Она ездит на дачу с хозяином. 9. В прошлую субботу маленькая собачка

ездила в деревню. 10. В деревне она бегала за котом. 11. Большая собака тоже любит бегать за котами.

Упражнение 79

2. добежала; 3. вышел; 4. выехали; 5. добежать; 6. бегать; 7. приехали; 8. ездите; 9. вошли.

Упражнение 80

2. От своего дома до работы Коля едет на машине полтора часа, если есть пробки. 3. Коля едет на общественном транспорте от своего дома до работы час. 4. Света ездит на работу на метро. 5. В прошлом году Света ездила на работу на машине. 6. Света купила себе машину в прошлом году. 7. Обычно Света выходит из дома в 8:30. 8. Сейчас Свете не надо думать о парковке. 9. Свете не надо думать о парковке, потому что она ездит на общественном транспорте. 10. От своего дома до работы Света едет пятнадцать минут.

Упражнение 81

2. От нашего дома до центра города полчаса на метро. 3. От вашего дома до вашей дачи час на электричке. 4. От твоего офиса до этого кафе десять минут пешком. 5. От его общежития до ботанического сада пять минут на троллейбусе. 6. От их деревни до нашего города два часа на поезде. 7. От нашего университета до Центрального стадиона пятнадцать минут на трамвае. 8. От оперного театра до станции метро три минуты пешком. 9. От вашей работы до вашего дома двадцать пять минут на машине. 10. От твоей школы до Центрального парка десять минут на велосипеде.

Грамматические таблицы

Declension of Adjectives

<table>
<tr><th rowspan="2">Case</th><th colspan="5">Gender</th></tr>
<tr><th>Ending</th><th colspan="2">Masculine, Neuter</th><th>Ending</th><th>Feminine</th></tr>
<tr><td>Nom.</td><td>ой/ ый/ий
ое / ее</td><td colspan="2">большой, белый, синий
большое, белое, синее</td><td>ой/ей</td><td>большая, синяя</td></tr>
<tr><td>Gen.</td><td>ого/его</td><td colspan="2">большого, белого, синего</td><td>ой/ей</td><td>большой, синей</td></tr>
<tr><td>Dat.</td><td>ому/ ему</td><td colspan="2">большому, белому, синему</td><td>ой/ей</td><td>большой, синей</td></tr>
<tr><td rowspan="3">Acc.</td><td rowspan="3"></td><td>Animate</td><td>Inanimate</td><td rowspan="3">ую/юю</td><td rowspan="3">большую, синюю</td></tr>
<tr><td>ого/его</td><td>ой/ый/ий
ое / ее</td></tr>
<tr><td>большого, белого, синего</td><td>большой, белый, синий
большое, белое, синее</td></tr>
<tr><td>Inst.</td><td>ым/им</td><td colspan="2">белым, синим</td><td>ой/ей</td><td>большой, синей</td></tr>
<tr><td>Prep.</td><td>ом/ем</td><td colspan="2">большом, белом, синем</td><td>ой/ей</td><td>большой, синей</td></tr>
</table>

Declension of Possessive Pronouns for Masculine and Neuter Objects

Case	My	Your Informal	Reflexive	His, its (neuter)	Her	Our	Your Polite, Plural	Their	Whose?
Nominative	мой, моё	твой, твоё	свой, своё	его	её	наш	ваш	их	Чей?
Genitive	моего	твоего	своего	его	её	нашего	вашего	их	Чьего?
Dative	моему	твоему	своему	его	её	нашему	вашему	их	Чьему?
Accusative Inanimate	мой	твой	свой	его	её	наш	ваш	их	Чей?
Accusative Animate	моего	твоего	своего	его	её	нашего	вашего	их	Чьего?
Instrumental	моим	твоим	своим	его	её	нашим	вашим	их	Чьим?
Prepositional	моём	твоём	своём	его	её	нашем	вашем	их	Чьём?

Declension of Possessive Pronouns for Feminine Objects

Case	My	Your Informal	Reflexive	His its (neuter)	Her	Our	Your Polite, Plural	Their	Whose?
Nominative	моя	твоя	своя	его	её	наша	ваша	их	Чья?
Genitive	моей	твоей	своей	его	её	нашей	вашей	их	Чьей?
Dative	моей	твоей	своей	его	её	нашей	вашей	их	Чьей?
Accusative	мою	твою	свою	его	её	нашу	вашу	их	Чью?
Instrumental	моей	твоей	своей	его	её	нашей	вашей	их	Чьей?
Prepositional	моей	твоей	своей	его	её	нашей	вашей	их	Чьей?

Verbs of Motion

Group1 Unidirectional, Describing the Moment	Group 2 Multidirectional, Repetitive
бежа́ть	бе́гать
везти́	вози́ть
е́хать	е́здить
идти́	ходи́ть
лете́ть	лета́ть
плыть	пла́вать

Available Titles

Adult Learner's Series

1. **Student Book 1 Beginner:** Russian Step By Step: School Edition (Book & Audio)
2. **Teacher's Manual 1 Beginner**: Russian Step By Step: School Edition
3. **Student Book 2 Low Intermediate:** Russian Step By Step: School Edition (Book & Audio)
4. **Teacher's Manual 2 Low Intermediate**: Russian Step By Step: School Edition
5. **Student Book Intermediate 3:** Russian Step By Step: School Edition (Book & Audio)
6. **Teacher's Manual 3 Intermediate**: Russian Step By Step: School Edition
7. **Student Book 4 Upper Intermediate:** Russian Step By Step: School Edition (Book & Audio)
8. **Teacher's Manual 4 Upper Intermediate**: Russian Step By Step: School Edition
9. Russian Handwriting 1: **Propisi 1**
10. Russian Handwriting 2: **Propisi 2**
11. Russian Handwriting 3: **Propisi 3**
12. **Verbs of Motion**: Workbook 1
13. **Verbs of Motion**: Workbook 2

Children's Series

1. Azbuka 1: **Coloring Russian Alphabet:** Азбука- раскраска (Step 1)
2. Azbuka 2: **Playing with Russian Letters:** Занимательная азбука (Step2)
3. Azbuka 3: **Beginning with Syllables:** Мои первые слоги (Step 3)
4. Azbuka 4: **Continuing with Syllables**: Продолжаем изучать слоги (Step 4)
5. **Animal Names and Sounds**: Кто как говорит? (Part 1)
6. **Animal Names and Sounds: Coloring Book:** Кто как говорит? (Part 2)
7. Propisi for Preschoolers 1: **Russian Letters: Trace and Learn:** Тренируем пальчики (Step 1)